貢献する気持ち

ホモ・コントリビューエンス

HOMO CONTRIBUENS

滝 久雄

紀伊國屋書店

カバー画『天使のいる町』
本文挿絵　大津　英敏

貢献する気持ち　ホモ・コントリビューエンス

目次

はじめに　ホモ・コントリビューエンス

社会や、そこで暮らす人々の生活様式がどんなに変化したとしても、人間としての生き方の原点はけっして変わることがない。言い換えれば、そのように不変な人間性を考えることから、複雑な現代社会の全般を解きほぐす糸口が見えてくるのである。

ところが、私たちは新しい哲学の必要性を感じていながら、思考停止を繰り返す。複雑な迷路に迷い込むよりは、考えることをとりあえず留保してしまう方が、自分の人生にも、また社会とのかかわりにおいても、簡明に生きられることを体験的に心得ているからである。

しかし、大切な問いかけを前にして、うまく思考を停止できたその時であっても、私たちは自分の人生や他者との関係性に満たされない思いを残すことがある。どうしても自分の歩んでいる現在が曖昧で、自分そのものの存在が不完全に思えてしまうからではなかろうか。何らかのインスピレーションがないかぎり、このような曖昧さの迷路から飛翔することはなかなかできないものだ。

だが取っつきにくく複雑な、しかし大切でもある問題の解法をもたらしてくれる考え方がある。それが「貢献心は本能である」ということなのだ。

この発想は現代に暮らす私たちにとって、いわば「人生の補助線」になる。つまり幾何学の答えがたった一本の補助線で一瞬にして導かれるように、もし人生の折り節で迷ったとき、このような認識があれば、私たちが進むべき行方を示してくれる道しるべになるだろう。また社会にとっては、進むべき方向を示すセンターラインになるかもしれない。

「貢献心は本能だ」と心得ていれば、多くの人々が行き着く先には健康で幸せな人生と、心やすまる豊かな社会がひらけてくるかもしれない。たとえば子どもの世界からは心のすさみや、それによる陰湿ないじめといった問題はおそらく影をひそめるだろう。一七歳の犯行や同世代による乱暴も、キレた大人の無差別な殺人事件も、オウムのような反社会的カルトもまた、その思考法により解決される領域の埒外（らちがい）ではない。

では「貢献心は本能だ」といった考え方の、どこにそんな力が秘められているのだろうか。他人のために尽くすことを考えるとき、それを目指す心の背景に「本能」を位置づける方法は、「貢献は美徳である」といったありきたりな発想法とニュアンスを異にする。「貢献心は本能だ」という考え方のもとでは、他人に尽くす行動をはなから称賛しはしない。むしろ、それを食欲や性欲などと同等な本能と見なすことによって、貢献心を本能の一つとして受け止めてしまうのである。しかし、けっして本能を悪いものと決めつけることもなく、逆にそれを重んじる必要もない。ただ自分を何かに役立てたいとする欲求が、人間の自然なあり方と考えることが大切で、そこに新たな哲学が見えてくる。

手短に述べてしまえば、「貢献心」という言葉に「本能」という言葉をつけ合わせたところに、新しい知の力が生まれてくるのだ。一見、結びつきそうにない二つが融合してもたらされる哲理で、そこには人や社会についての斬新な考え方の出発点がある。同時にその哲理は、人々の生活や仕事のさまざまな側面を活性化させる触媒の働きを社会全体に及ぼすはずだ。

ふつう、心理学で本能とは、生まれもって備わっている欲求や欲望などを示す。つまりそれは、学習して獲得される知的なものではなく、遺伝的にプログラムされて自然に湧き出してくる要求と考えられている。たとえば米国の心理学者A・H・マズロー（一九〇八〜七〇年）によれば、本能に起因する欲求は生理的な欲望であると言い切っており、もっともプリミティブで身体的な動機を統括するものと考えられている。

他方、一般的には貢献を目指す心は、人間のもっとも高尚な知性を実現させる手段と考えられ、むしろ精神的にも磨かれた「自己犠牲への希求」に起因するものであるとされてきた。つまり従来から、貢献しようとする志とは自分を取り巻く他者や、彼らが暮らす社会、文化、環境などに対して心が開かれ、愛がこれらに向けられたときに現れる人間の性質の一つであると考えられているのだ。

ところが「貢献心」を本能として、自分を他者のために役立てたいと志す自然な気持ちを「自然から授けられたもの」と見るのが、これから私が主張するところである。それは知性からのものではなく、生まれながらに備わっている本能に起因していて、自然に湧き出してくるものである。つまり「貢献心」とは、けっして後天的なものではなく、むしろ先天的な欲求なのである。

もしも人間にそのような本能があるとするならば、そこには今まで見えなかった新しい人間像が生まれてくる。私はそれをラテン語で「ホモ・コントリビューエンス」(Homo contribuens)、いわば「貢献仲間」と名づけたい(詳しくは77頁参照)。

この考え方にあって貢献を目指す心は、食欲や性欲などの生理的欲求と同じ現れ方をする。そのため「他者に尽くすことが善い行い」といった動機がないと発動できないものではなく、私たちが自分のために表現する欲求の一つとして、きわめて自然に生まれてくるものなのだ。

本書をとおして、このような考え方をつき進めていくところに見えてくる「自己」と「他者」、そして両者が織りなす「現代」について考えてみたい。第一章では、私がはじめて哲学的な出来事に出会った個人的な体験からはじまって、それをギリシア哲学史の流れにたとえながら、主にソクラテスやプラトンの思想の背景にも貢献心の思考法が発見できることを解説する。第二章では「貢献心は本能なのだ」と観ずることで得られる認識と、そう考えることではじめて自分の人生に応用できるようになる思考法について述べてみたい。第三章以降では、できるだけ身近な例を取り上げて「貢献心は本能だ」といった考え方に基づいて「自分」や「社会」、「現代」を分析し、時代の方向性を探り、新しい人間観・社会観・企業観を模索したい。

平成十二年夏　軽井沢にて

滝　久雄

第一章 ある哲学的な出来事――古代ギリシアへの旅

うっかりしていると、見逃してしまう大切な体験がある
ふとしたことから考え直してみると
人生や生活について
幾何学でいう補助線のようなヒントを示してくれる体験だ

メメント・モリ

私がはじめて哲学的な出来事に直面したのは、中学二年生の時だった。きっかけとなったのは、友人の兄の死である。それはまだ高校生だった彼が、がんを告知され残された数か月の生命を、どう過ごしたかを知ることからはじまった。

彼はがん告知の直後、それまでになく一心不乱に遊びはじめたという。ところが死の三か月ほど前になると、思い立ったように勉強をはじめ、もう二度と遊ぶこともなく死の淵まで学習することでひたすら走り続けた。短い人生でやり残した学習を、彼は限られた生命の期間でやり尽くそうとしたのである。

迫り来る死の影を、まだ十代だった彼がどう受け止めていたかについては今でも定かではない。しかし、あまりにも早すぎた生命の終末間際に、たった一人ではじめられた短い生への取り組みが、静かな学習であったことは、なにか特別な意味を秘めながら、当時まだ中学生だった私の心に迫ってきた。おそらくそれは、私がはじめて遭遇した哲学的な出来事だった。

個人の死は、生活の中で受け止めなければならない問題であるとともに、生物学や医学、また哲学や宗教上の問題として歴史の中でたゆみなく取り上げられてきたテーマである。たとえば中世のヨーロッパでは「メメント・モリ（死を憶えよ）」という考え方で死をとらえ、当時の学問や芸術、そしてキリスト教の実践などに反映されてきた。歴史的には古代の直後に位置するこの期に、弔（とむら）いとしての儀式ではない死への考察が本格的にはじまったと言われ、それがルネサンスや近代を通じて現代に至る死生観の基礎をつくりあげたのである。

そこでは、死は一つの芸術として民衆が生涯をかけて学ぶべき対象だった。死の淵にある人たちは、たとえ敵の家系にある人であったとしても、人間共同体のなかでは一歩先を進む先達であり、その一挙一動が予言者のものとして大切に扱われた。また彼らの死をみとる人たちにとって、そこから多くの教訓が得られたものである。そこで学ばれた死にゆく者の行為や言葉は、さらに後の世の人々が学ぶ価値を秘めたものとして、以後永遠に語り継がれることになったのである。

中学の時、私がはじめて遭遇した哲学的な出来事の背景にも、死にゆく友人の兄に対する「メメント・モリ」のイメージがあったのかもしれない。また、死を直前に控えた危機的な状況のもと、「なぜ彼は学習をはじめたのか」といった問いかけは、おぼろげながら何か人生の意味を私に抱かせたのであった。それは「どんなにがんばっても、人は死に、そして何もなくなってしまう」といった、いわゆるニヒリズム（虚無主義）や無常観に近いものだったのかもしれない。

一方、生命の終末に際して不治の病を宣告された青年が「自分は死に、そして何もなくなってしまう」とする考え方のもとで学習がはじめられるものなのか、といった問いに私は直面した。虚無感の延長線上には、しばしばデカダンティズム（頽廃主義）が見いだされることがある。このような生命の極限的な状況下で、もし友人の兄が人より短い人生に虚無感を抱いていたとするならば、けっして学習といった行為につながらないのではないか、といった疑問だ。

おそらく友人の兄ががん告知の直後、一心不乱に遊んだ気持ちの背後には、このようなニヒリズムの感覚があったのではないかと思われる。しかし彼がそのような生活から一転して、一心不乱に学習をはじめた理由を、けっしてニヒリズム的な見地から考えることはできない。

享楽を捨て、学習をはじめた彼の観念の本質的な面がにわかに浮かび出てくる。これこそ人間に生まれつき備わっている観念（生得観念）に起因するものではないかと直観したのである。

　すると、それまで意味のないものだと思っていた彼の学習が、私の心のなかでいかにも崇高で、気高い闘いであるかのように一変した。生命の危機的な状況のもとで、静かに文字を追う彼の後ろ姿が、むしろ「人間の本質」にかかわる何ものかを暗示しているように感じられたのだった。

　この本質とはいったい何だったのか。


　一方、私が生命の終末について感じた問題は、いま想い起こしてみれば誰にもいずれは訪れる死に対する恐怖感や、その恐怖ゆえに陥りやすいあきらめをどう乗り切ればよいかといった問題、つまり死をどう受容したらよいかという問題ではない。

　いまかりに、ターミナル・ケアの面からこの問題を考えるならば、友人の兄の最期に見た「遊び」への傾向は、ある意味でその人の「死の受容」につながる。それは死に直面した苦しみを乗り越え、しかも生命をまっとうしようとする患者の心として受け止めることができるかもしれない。

　しかし私が注目したいのは、そんな彼が身体の痛みや心の苦しみを抱きながらもなお、享楽を捨てて死の淵まで学習で走り続けた行動を選択したところにある。そこには医の領域で考える死とはまた異なる、哲学的なものがあると感じられてならない。

死を考察するところから哲学がはじめられるといった考え方は、私たちがそれをけっして体験することもなく、精神がどのような過程を辿るのか断定できないところからはじまる。人は死ぬ、これは「自然の摂理」である。私の場合、友人の兄の死を前にした生（なま）の場面に直面して、人間の本質的な心のありかが見えるようになったと、今でも確信している。

しかし、現在行われている生と死の論議は、私には十分なものとは考えづらい。死にゆく時のケアや医療の選択といったことの前に、まさに社会的なものをも含んだ死への備えをきちんと持てるようにする教育があるのであって、その基礎として哲学があると私は思う。なぜならそこにこそ苦悩し、思惟する人間の本質が浮き彫りにされるからである。

ソクラテスのイロニー

自然や生命の根本的な謎に、何一つ答えられなかったとしても、私たちは人間として本能に動かされながら生活を営んでいる。しかし生命の終末や愛している人と別れなければならない時に、それまでの自分の生き方がどのようであったかを、誰もが考えようとするだろう。簡単には答えが見つからない大切な問いを突きつけられた人生の瞬間に、私たちが選択する方法はいくつかある。

一つは、けっして人生や生命にまつわる問いに確かな答えを見つけだすことができないと考える立場である。しかもこの立場の人たちは、それを考えることにさえ批判的な態度を示す場合が多い。そんな人たちの哲学を懐疑主義と呼ぶ。

他方、そのような問いに理性で立ち向かい答えを見いだそうとする立場がある。これを哲学では「合理主義」と呼ぶ。ここでは古代ギリシアの哲学者の考え方を通じて「懐疑主義」と「合理主義」の思想について考えてみたい。そしてそこから私が中学生のとき直観した哲学的な疑問、つまり「人間の本質」とはいったい何なのかを、後に探るきっかけとしたいと思う。

たとえば紀元前四五〇年頃、古代ギリシア時代に活躍したソフィストたちの中には、真理は発見できないとする懐疑主義者がたくさんいた。ソフィストとは、古代ギリシア世界で文化の中心だったアテナイなどの都市国家に住んでいた哲学者たちのことである。

彼らは、ギリシアで語り継がれていた神話に批判的で、それまで事実として語り継がれてきた神話が、もしかすると絵空事のフィクション（嘘）ではないかと考えはじめた、最初の頃の人たちだ。その意味で彼らは哲学史のなかで当時としては先進的でもあった。

一方、ソフィストは自然や生命の本質といった謎に、人間は根本的な回答を見い出すことはできない、と考えていた懐疑主義者でもあった。彼らはさまざまな国を旅して回り、その土地々々で道徳や人々の考え方が違う事実に着目して、「人間の尺度こそが、すべてのものを判断する基準」と考えていた。これは人間を超えた普遍的な真理が、ただ一つだけあると考えることへの反論でもあった。なぜなら個々の人の考え方により、本質が変化してしまうからである。

そのため、彼らは哲学的な本質論については背を向け、また正しいことや正しくないことを判断するすべての人に共通した普遍的な基準もないと考えた。他方、彼らは人が自分の尺度に基づいてのみドクサ（意見）を表明することができるとして、どう自分の考え方を他人や社会に押し通すことができるかといった会話の技に磨きをかけようとした。そしてひたすら人間と社会のありようだけに関心を寄せ、人を説得する技を身につける方法である「弁論術」を教えることで、彼らの哲学を実践しようとしたのである。

そんなソフィストたちの懐疑主義や、詭弁術に真っ向から対決を挑み、理性に基づいた合理主義の考え方のもとに「いつでも、どこでも、誰にでも、本当に正しいとされるたった一つの本質がある」と考えた哲学者が現れた。後のヨーロッパの思想史に、大きな影響を及ぼしたソクラテスだ。彼は生涯をアテナイの街角で過ごし、そこを通る人々に話しかけていたといわれている。

ソクラテスが注目したのは、真理や本質は人間の「理性」でつかみ取ることができるといった考え方、つまり人間の本質は個々の人の価値判断にゆだねられ、それなりによしとされるものではなく、理性で考察され思惟され、はじめて獲得されるとする考え方である。理性とは、言ってみれば「頭」を使って考えることである。見たところ解法の糸口さえ見いだせないような複雑な問いかけに対しても、頭で考えることで理性的な回答に至ることができると、ソクラテスは主張した。

ソクラテスの考え方は、ソフィストと根本的に異なっていたばかりでなく、哲学の実践についてもことごとく違っていた。彼はソフィストたちのように、自分の考えを人に押しつけ説得しようとはしなかった。彼は、いかに論理正しく説いても他人を納得させることができないことがあると考えたのである。

その様子は、弟子のプラトンが『対話篇』という著作で紹介している。それによるとソクラテスは、物事の本質は自らの理性で認識しないかぎり、けっして理解できないと考えていたからとされている。つまり人間が本当の知を理解するためには、まず自分の理性によって達成する以外にないと考えていたのである。

「説得しない哲学」を実践しはじめたソクラテスはアテナイの広場に立ち、そこを行きかう人々に問いかけた。そして自分は問いかけた相手から教えてもらう立場に徹しようとしたのである。相手がどんなに間違ったことを言っても、ソクラテスはけっして間違いをあからさまに指摘しない。彼は、相手との対話をすすめるにつれて、相手自らその間違いに気づくようにリードしながら、時には問いかけ、時にはじっと耳を傾けたのである。

人は自分が話した内容に間違いがあっても、それを語っている間は矛盾に気づかず、すべてを語り尽くそうとする。しかし、話を続けているうちに、いよいよ抜き差しならないアポリア（ジレンマ）に陥る。自分の考え方が「どうもおかしい」そして「何かが変だ」ということを認識するようになれば、ソクラテスの出番となる。彼は、対話相手をそのようなアポリアに導き、少しでも物事の本質について、相手が主体的に取り組めることができるようにしたのだった。

実際、本当の「納得」とは、自分の内側から自然に生まれてくるものである。いわば考える主体は、自己内部の声を自覚的に聞き取ることができるようになる。一方、他人ができるのは「説得」のみだ。しかしこれは本人の「納得」とは本質的に異なる。つまり「納得」とは自覚的で、しかも主体的なものであり、「説得」は他動的なものである。理性を通じた方法が「人間の本質」に至るただ一つの方法と考えていたソクラテスにとって、他人を「説得」する方法から本質が伝わるとは考えられなかった。たとえばある時点で相手に間違ったところがあっても、本人がその矛盾に気づかないかぎり、誤りを理解することはできないと考えたのであった。

このようにソクラテスが実践した方法は、他人が話す内容の間違いをけっしてあからさまに指摘し糾弾しない対話からはじまる。そして問いを発しはするが、ソクラテス自身は「私も知らないが」という態度で臨む。真理の認識に関するこのような意図的な態度を、哲学者は「ソクラテス的イロニー」と名づけている。さらにこの方法を支える根本に、理性によってソクラテスが近づこうと目指した真理への熱い思い、つまり合理主義への哲学的信念が秘められているのである。

さてこの考え方は、私が中学の時、友人の兄の死に際して感じた「人間の本質」とは何であるのかを示すヒントを与えてくれた。以降はギリシア哲学史の流れに沿って、その考え方に少しずつ近づいてみたい。

無知の知

ソクラテスより三百年ほど後の世、ローマで活躍していた哲学者で政治家のキケロは、彼について「哲学を天から地上へ奪回した最初の人」と語っている。この言葉はソクラテスの思想が、古代ギリシアの時代にどれほど衝撃的な事件であったかを示している。同時にこの言葉自体から私たちが学べるところも少なくない。

なぜなら、ソクラテスが注目していた真理や本質は、それ以前の時代では人間が考えられる問題ではない、と思われていたからだ。そのため当時の人々は、神話のような「神々のストーリー」を造りだし、目には見えない真理や物事の本質を、すべてブラック・ボックスの中に放り込んでしまっていた。つまり人にとっての真理や本質は「神が決定すること」として、自分で考えることを放棄してしまっていたのだ。

ある意味でソクラテスは、人類史上何千年もの間、このようなブラック・ボックスに閉じ込められ続けてきた「本質」について人間が考えられる可能性を、世に示した最初の合理主義者といえる。また神話を否定したソフィストたちは、ソクラテスに先がけて神話と

ソクラテス素描
——ローマ時代の複製彫刻「ソクラテスの首」をモチーフにして

哲学の父といわれるソクラテスは、思惟する人間の原点に「無知の知」を見つめた。

真実が異なることを主張した最初の人々と言えるのかもしれない。

しかし、真理や本質について考えようとしたソクラテスが、いかに偉大な思想家であったとしても、すぐにそれらにめぐり会えたわけではない。では理性によって真理に近づけると考えていたソクラテスは、それらにめぐり会える以前に、なぜ理性により真理に近づけるであろうことを確信できたのだろうか。ここには素通りできない哲学上の大切な問題が隠されている。

さて、ソクラテスは「人はなぜ生きるのか」「いつの世にも通用する真理は何か」といった本質的な問いに、性急な結論を下そうとはしなかった。そのかわり彼は、人間が理性で本質を考える立場であるにもかかわらず、あまりにも本質を知ることができないという現実に着目したのである。

そしてたどり着いた地点として、彼は自分が「無知な存在」であることを発見したのである。ソフィストのような「知ったかぶり」は、本当に物事を知っている者の態度とはほど遠いものであることを明らかにして、「無知の知」という言葉を残した。しかし有名なソクラテスのこの言葉を、安易な道徳論から評価することは避けなければならない。そのため、ここでは「無知の知」についてもう少し考察を進めてみよう。

この言葉によってソクラテスは、自分自身もまた真理や本質を容易には知ることができない「無知な存在」であることを認めた。しかし同時にソクラテスは、そんな自分の「無知を知っている自分」といった本質を、たった一つだけ真理として把握したのである。ちょっと逆説的な真理の認識法であるが、いずれにしても彼は理性で考えることによって人間の本質に「無知」があることを見抜き、逆にその事実についての「知」を獲得できたことになる。ここに及んでソクラテスは、一つの真理にめぐり会えたわけである。ソクラテスが「理性によってのみ真理に到達できるはずだ」と考えていた理由がここにある。そして、合理主義者としてのソクラテスの最初の一歩がここにある。それはソフィストたちがアテナイの人々に示した懐疑主義からの脱却と位置づけることができる。さらにこのようなソクラテスの哲学において、「無知な自分を知る」ことは、けっして理性に対する否定的な意味あいや、自分の「知」についての「あきらめ（諦念）」ではない。むしろ、人間が本質に接近する第一歩を、積極的に示した肯定的な考え方と見るべきものである。無知な人間であるにもかかわらず、そのことを知っているソクラテス自身は、事実をまったく知らずにただ話術だけで人を説くソフィストたちより少なくとも智者であると、彼は自覚的に判断した。

無知である自分の存在から一歩進んで、無知である事実を他人に諭されるのではなく自覚的に知ること。ここにもまた哲学を考える上での基本的な問題が隠されている。このような考え方は、ソクラテスを最初として、近世に至るまでの間、さまざまな哲学者に引き継がれることになる。

しかしここでは、ソクラテス的な考え方の類型がまた、他の哲学者にも受け継がれるような基本的な問題を孕んでいることだけを述べるにとどめ、「無知の知」についてさらに考えを進めてみたい。そこから私が中学生の時に直観した「人間の本質」にきわめて近い領域に接近することができると思うからである。

無くて見えないものと、在って見えないもの

無知である人間の本質を理性的に発見したソクラテスは、人間の無知を逆に明らかにしたともいえる。なぜなら「無知の知」という認識は、人間が無知な存在であることの指摘でもあるからだ。

一方、人間が無知だとすると、彼らはみな真理など見いだせない世界に住んでいて、しかも無知な存在である自分自身をも悟れない存在ということになる。もしもそうならば、

私が中学の時に直観した「人間の本質」さえ、感じとるような瞬間自体もまた無かったのではないかと推察される。

人々の心に、「人間の本質」の観念がまったく無かったのなら、死を自覚した当時のギリシア人たちは、一心不乱で享楽に奔走するだけの動物的な存在だったのだろうか。たとえば彼らにとって、死の直前の学習といった行為はまったく無為なものに過ぎなかったのだろうか。

ソクラテスの時代から遡って百年ほど前、スパルタ（ギリシア）という都市国家に住んでいたティルテウスという思想家がいた。彼は「祖国と自由を守るため、第一線で戦死するのは勇士の名誉。だから命を惜しむより、立派な最期を遂げるが良い」という言葉を残している。

ティルテウスが示した当時の兵士の死のイメージには、死を賭して祖国と自由を守ることが勇士の証（あかし）といった、素朴な使命感の躍動が感じられる。「人間の本質」にかかわる観念は、戦争など危機的な状況の中で抱かれる国家への忠誠心として、その頃の歴史にもしばしば見え隠れしていた。

人生や物事の真理といった考えを、人々が神々に委ねていたソクラテス以前の時代でも、死の直前に及んで享楽と決別し、気高い行為に立ち向かうケースはもちろんあった。しかしこのような考え方が、なぜとられなければならないかについて説明する合理主義的な思考は、ティルテウスの時代にはまだなく、ソクラテスの時代を待たなければならない。

いずれにしても「人間の本質」は、実は「無くて見えないもの」だったのではない。むしろ「在って見えないもの」だったと考えることができる。この二つは、双方とも人に「見えない」一点では同じであるが、本質的にはまったく異なっている。

たとえば科学分野で例を挙げると、ニュートンは物体の運動について、それまでの科学で明らかにされなかった「万有引力の法則」を発見した。しかしニュートンがこの法則を発見したか、しなかったかに関わりなく、私たちはリンゴが枝から落ちる事実は目にし知っていた。そのため古代人は木登りするとき、誤って高いところから落ちないように、木の幹をしっかりと握らなければならないこともわかっていたはずだ。ニュートンが「万有引力の法則」を発見する以前から、万有引力は私たちの身の回りに確かに「在った」のである。

「人間の本質」についてもまったく同じことがいえる。ソクラテスは理性で真理や本質を考えることができると説いたが、彼がそう言ったのは、「人間の本質」があってのことだった。ソクラテス以前のいかなる時代の人でも、人間は人としての本質が見える可能性に気づいていなかっただけであって、ずっと以前から人間の本質は奥深くに息づいていたのでもある。ニュートン同様、ソクラテスはその本質をただ見つけたのであって、それを「発明」したのではない。

このようにソクラテスの考えを辿ってゆくと、もうこれ以上は分解できないところに近づきつつあるとの感じがしてくる。つまりそれは人間が認識するかしないかにかかわらず、本質が「在るか」「無いか」といった問題だ。それは幾何学でいう「公理」のようなもので、もはやこれ以上の説明を越えた基本的な認識のあり方となる。

たとえばユークリッド幾何学で「三角形の内角の和は一八〇度」といった定理は、補助線の引き方や、対頂角、同位角といった考え方を利用して証明することができる。しかし「平行線は交わらない」という命題は、その真偽を説明することさえ難しく、絶対に間違ってはいない考え方として「公理」と呼ばれる古典的な数学の前提とされている。

そしてこの公理は、ユークリッド平面上のさまざまな図形の問題を解くうえで欠くことができない理論的な道具として利用されている。同じような意味で、ソクラテスは「無知の知」という公理的な考え方を示したことによって、彼以降の哲学者がさらに難解な哲学上の問題を考えるうえで、不可欠な公理を示した合理主義者と呼ぶことができる。

また、理性によって真理や本質にできるだけ近づこうとしたソクラテスの思惟は、言ってみれば人間が生まれつきもっている、本能のようなものだったのかもしれない。なぜなら人間の本質においては「本能」もまた、幾何学上の公理のような一面をもつからだ。このことは後に、ソクラテスが国家によって死刑を宣告された時、危機的な状況のもとで示した彼自身の考え方からも推察することができる。ソクラテスの死について解説する前に、人間の本質を考える上で彼が示してくれた方法をまとめておこう。

無知である自分を知っておくことからはじめて、目に見えない「人間の本質」に、少なくとも目を向けておこうとする哲学的な態度がもたらされ、またそのような態度を保つことで、さらに本質に近づくことができるのである。たとえ今はその本質が見えなかったとしても、神話のように真理を神にすっかり委ねるのではなく、また懐疑主義のようにすべてに疑いの目を向けるのでもない。無知な自分を知っているからこそ、人間の本質も自分で考え尽くすことができることを、ソクラテスは教えてくれたのである。

一方、本能のように人間だったら誰もが持っている欲求は、「なぜ人間は存在するのか」といった哲学的な問いについても発動される。たとえその回答がなかなか見えにくいものであったとしても、それはけっして「無い」から見えないのではなく、「在って」も見えにくいものだから見えないのである。この両者の違いについて、私たちははっきりと区別しておきたい。

ソクラテスの死

紀元前三九九年、ソクラテスは「神々を認めない」などの罪で、アテナイの法廷から死刑の宣告を受けた。ソクラテスの弟子や友人たちは獄中の人となった彼に、恩赦を願い出ることを勧めたという。またこの判決を下した法廷は、彼がアテナイを離れるならば刑の執行を猶予すると言い渡したともいわれている。

ところがソクラテスは恩赦を願い出ることにも、アテナイを離れることにも同意することはなかった、とプラトンは伝えている。つまり、彼は自ら死の道を選んだのである。もしソクラテスがこのとき、非を認めて恩赦を願い出たとすれば、彼がそれまでアテナイの市民に示してきた考えが間違いであることを認めることになるだろう。また、もしソクラテスがアテナイを退去するのに同意したとするならば、ここでもまた、彼の思想が敗北してしまうことを示すことになる。こんな見えない何ものかに、彼は断固としてこだわった。

しかし注目したいのは、彼のこだわりが死を賭した危機的な状況下でもなお、行われたことである。

弟子たちが獄中のソクラテスに、「生き延びる方法があるのならば、ここはひとつ生き延びておいて、また人々に理性を説いて教えてください」と説得しても、ソクラテスはその考えを受け入れなかった。彼はそれほどまでにかたくなともいえる信念につき動かされて、すでに死を心に決していた。獄中の彼を見舞いに来た友人や弟子たちの「死んでしまえば元も子もない。だからちょっと妥協しておいた方が利口でしょう」という一見すると間違いではなさそうな考え方に対して、ソクラテスは死を賭して全面的に否定したことになる。そしてアテナイの陪審員の決定を甘受して、毒杯を仰いだ彼の行動に、真理に対する「使命感」のようなものを感じるのは、おそらく私だけではあるまい。このときソクラテスには、いかなる他人の意見にも左右されない自覚的な意志による信念があったに違いない。彼は自分が孤立無援となっても、この使命感の下に、たった一人で対峙したのだ。

しかもそのような死の状況下にあったソクラテスには、死を賭した行為を選択した満足感のようなものが感じられる。それはソクラテスがこの真理をもって同時代と未来の人に伝えようとしたものである。

私の胸のなかでは、死を賭したソクラテスと、不治の病を宣告された友人の兄の姿が重なって見えた。つまり死をもって自分の真理を証明しようとしたソクラテスの思いと、死んでこの世界から消滅してしまうにもかかわらず学習に取り組んだ友人の兄の姿は、二四〇〇年の時空を隔てて共通項のようなものを私に暗示していた。

この両者の共通項とは何なのだろうか。おそらくそれは心の内側にあった何かが、死を直前に控えた危機的な状況のもとで、両者をどうしようもなく熱い思いでつき動かしてしまう心の叫び声として聞き分けられるものだったといえる。しかもこの「使命感」の背景には、他人から言われたのではなかなかできないことを敢えて行うといった、自覚的な哲学がうかがえる。また死に直面した両者の行動には、自己と自己がもつ哲学との乖離（かいり）は見られない。言い換えれば、理性で感じる真理は、死という危機的な局面に際して本当の姿を現し、その真偽が行為者自身の生命の最期を賭した闘いとして問われるのであろう。また、おそらくこのような使命感を生んだ貢献心は、生命の終末を自覚した人であれば、例外なく訪れるものと推察される。

さらに特筆したいのは、ソクラテスが抱いていた使命感に対応して、ほのかな満足感のようなものが漂っていることである。彼は何に満足感を抱いていたのか。おそらく死を直前に控えた自分の行動に、それまで心の深部に描いてきた真理のありかを示す哲学的な実践が完結することに満足したのではなかったか。そうすることが、あたかも自分の使命であるかのように、また「人間の本質」が理性で探しだせることを示すことで、同時代と未来の人々に自ら本質の実在を実証したかったのではないだろうか。

いずれにしろこのような使命感の躍動が、享楽の本能的な躍動に常に優っているかというと、必ずしもそうとは言えない。また個々の人の心のなかでどちらが優勢となっているかで、人の価値を判断することも控えておきたい。なぜなら誰もがソクラテスのようになれるわけではなく、また誰もが友人の兄のようになれるわけでもないからだ。歴史の中では、死の淵まで享楽とともに走り続けた人たちもきっといるに違いない。それどころか、むしろ後者のケースの方が現実には多いのかもしれないのである。

ただし、ここでぜひとも一つだけ留意しておかなければならないことがある。それは貢献心や使命感で走り続ける人であっても、享楽で走り続ける人であっても、無視できない共通項が両者の心の内側で確実に息づいていることである。それは生命の終末を自覚した人に、おそらく例外なく訪れる貢献心と使命感の躍動である。つまりこれらが人間の内側で確実に喚起される瞬間が、どんな人にもあるということなのだ。たとえ享楽で走り続ける人であっても、喚起される貢献心と使命感の躍動が「無くて」享楽に走るのではなく、「在って」しかもそれを選ばないことがあるためだ。

さて、人生のギリギリ最後の地点にまで追いつめられて、なお棄てられることのなかったかたくなな観念。そして古代ギリシア以降二四〇〇年の歳月を隔てて、ソクラテスと友人の兄を突き動かした心のエネルギーが、貢献心と使命感という言葉で、後に私のなかで次第に関係づけられていくのであった。

プラトンが見つめたイデア

「ソクラテスの死」が私たちに教えてくれたものは、「誰も喜んで死へ赴くものはいない」といった常識論を、ソクラテス自身が自らの行動で覆したその一点にあるのかもしれない。詳しく考えてみれば、友人の兄にも見られるこのような自覚的な死の受けとめ方は、ニヒリズムからくるものではなく、逆にそんな無常観から解放された理性に基づいた領域からもたらされたものであったといえる。

言い換えれば、他人ができない、あるいはなかなかしようとしないことを、彼らは理性のもとに達成した。そこには自分と自己の哲学の乖離はなく、それゆえはじめて無常観からも解放される自分を見つけられたのであろう。彼らの死によって、自分と自己の哲学とが一体となるところに深い満足感があることを知り、人間がどのようなものであるかを考える糸口を、私に示してくれたのだった。

そして両者の選択には、もはやこれ以上は説明することのできない幾何学的な公理のような「人間の本質」があることに、改めて留意しておかなければならない。たとえばある人が使命感を行使したとき、心のうちに逆らいがたい不可避的な力が介在して、それが使命感を選択させているということである。これこそ、貢献心そのものなのだ。

この問題を考えるにあたっては、貢献心を認識した人が感じることのできるかけがえのない成果物として、使命感がクローズアップされてくるのである。また貢献心と使命感との関係性を考察するうえで、さらに新しい発見があることを示唆してくれるのではないかという期待感を、ある時期から、私は感じてもいた。

それは学生時代、私にはまだはっきりとは認識されてはいなかったが、さまざまに発露する貢献心のうちには、人がなかなかできないテーマに立ち向かう使命感にまで飛躍する瞬間や機会があるのではないかという推察であった。そのような使命感にこそ、かけがえのない満足感が伴う。しかもこのような貢献心は、個人の危機的な状況に際して現れるばかりではなく、歴史的危機に際しても地球環境上の問題においても、あらゆる生命の連鎖を保つ方向へと働くのである。過去を例に見ても未来を想い抱いても、それは同様であろう。

またそれらは、なかなかできないテーマに立ち向かうための原動力を人々にもたらし、将来、私たちに続く後世の人々に引き継がれるだろう。歴史はこのように大きな力で過去何千年にもわたり、幾つもの難局を乗り越えてきたのであって、この力の源泉に貢献心があったと私は思う。このような貢献心の存在に気づくことは、難解にみえる幾何学上の問題がたった一本の補助線によって解き明かされるように、人生についてもその本質を解く鍵を見つけることに等しい。

いずれにしろ、死といった危機的な状況のもと、映し出されるさまざまな要素や、そこに浮かび上がる貢献心に焦点を合わせる前に、私には、改めて具体的に考えてみなければならないことがある。

それは無常観から解放された人間が、しかも死の恐怖を乗り越えて後、残された長くはない一生をどう生きようとするかという哲学的な思惟である。そして、このような本質論がもつ意味あいを解き明かしてゆく先に、私が辿った哲学的な考察の時系列の中で、貢献心のありかが浮かび上がってくるのであった。それを解明する鍵が、プラトンの「イデア説」にある。

プラトンの思想はある意味で神秘的ともいえる。そのため現代人にとっては、なかなか受け入れがたいところがあるかもしれないが、私たちの内なる精神の活動が、どのような目的に向かっているのかを明らかにするうえで、ぜひとも触れておきたい。


ソクラテスが理性によって近づこうとした「いつでも、どこでも、誰にでも、絶対に正しいとされる本質」について、さらに一歩進めて考えた同時代の哲学者、それが彼の弟子のプラトンだった。

プラトンは「人間」と「人間の本質（人間の理想像）」を別々の世界に分けて考えていた。「犬」と「犬の本質」、「猫」と「猫の本質」、さらに「美」と「美の本質」などといった具合だ。目に見える世界と、そこに見える諸々の本質が存在している理想の世界とを、彼は分けて考えていた。

このような考え方を哲学では「二元論」と呼ぶ。プラトンは目に見える現実の世界に対して、それを形造る見えない理想の世界（イデア界）を構築する。そして彼は、目に見える世界を人間が「経験」できる領域として、また経験できない理想の世界は「理性」で接近することができるとして、さまざまな例を挙げて説明している。ここまでは「本質には『理性』で接近することができる」と言ったソクラテスと同じだ。しかし異なる点は、ソクラテスが本質の世界に接近する方法を示し、本質の世界全体を示さなかったのに対して、プラトンはそれについてもはっきりとしたイメージで述べているところである。

プラトンのこの考え方は、太古の人たちが事物の真理や本質を神話のブラック・ボックスに閉じ込めてしまった態度ともちろん異なる。またソフィストたちが、「何が正しくて、何が間違っているかは都市国家ごとにちがう」、たとえば「正と不正の問題は、時や空間ごとに『流れ去る』」と考えていた態度ともまったく異なる。

目に見える世界では、「人」や「動物」、「美」や「モラル」が常に移ろい「流れ去る」のに対して、プラトンのイデアの世界は永遠に不変なものとして存在する。彼は目に見える世界を「感覚界」と名づけ、それをじっと観察する一方で、どんな時代のどんな場所で行われる自然や人間の営みにも、永遠の掟のようなもの（規範）があるとして、人間の目には見えない「イデア界」に、最大の関心と重点をおいていたと考えられる。

エピステーメー（確かな知）への旅立ち

感覚界というのは私たちの回りにある現実の世界のことである。それは目を開けていれば見ることができる。しかし理性でのみ接近できるイデア界について人間は見ることはおろか、容易に想像することもできない。

そのためプラトンは『ポリテイア』という著作で、「洞窟の比喩」とよばれる実例をあげ、これら二つの世界の違いについて解説している。彼はイデア界と感覚界との違いを、現実の世界とその世界の壁に映し出される影との関係から説明しようとした。プラトンの考えたイデア界を解きほぐすために、ここではこの洞窟の比喩をさらにわかりやすい比喩を交えながら全体を解説してみよう。

太古の時代、人々は横穴式の住居に部族で住んでいた。西の空に日が沈む時刻になると、部族の見張り番は洞窟の入口で焚き火をはじめる。なぜ焚き火をするのかというと、一つは夜の暗闇への対策であったが、他にもう一つもっと大切な理由があった。

彼らは入口に火を焚いて、炎に映ずる洞窟の奥の壁の影を見ていたのだ。狼や虎といった猛獣が洞窟へ入ってきやしないか、また子どもたちが夜中に外に出やしないか、敵の部族の人間が入口に潜んでいやしないかと配慮するためだ。もしも猛獣が入ってきたら、奥の壁に映る影の実像に駆けつけて、被害を最小限にくい止めることができる。子どもが夜中に起きて、危険いっぱいの森に入って行こうとしても、また敵の部族が入口から内部の様子をうかがっていたとしても、焚き火の前を通過するものがあれば、その影は洞窟の奥の壁に大きく映し出されるからである。しかもこの洞窟に住んでいた古代人は、壁に映る動物や仲間たちの影から、オリジナルが何であるかを察知できるように、しばしば焚き火の光に何かの物を写して、実像を判断する訓練をしていた。

焚き火の炎に揺らぎながら、ある動物の影絵が壁に映し出される。それを見ていた部族の一人は、影のオリジナルを「狼」と答えたとする。しかしある者はそれを「虎」と答えた。影はゆっくりと洞窟の壁でひと回りして、ちょうど体が壁に平行になった位置で静止する。その影像から「虎」と答えた者の負けであることが判断された。なぜなら壁に映った動物の影は、虎のように頭が大きなものではなく、鼻先が尖った狼だったからである。

一方、その洞窟の中には牢獄があった。そこには敵の部族の青年たちが、捕らわれの身で生活していた。子どもの頃から何年間もその牢獄につながれている彼らは、まだ洞窟の外の世界を見たことがない。そのため、洞窟の奥の壁に映し出される影絵だけが、彼らと外界とをつなぐ接点だった。影絵の訓練をずっと見つづけてきた捕らわれの青年たちは、長い年月をかけて、狼の影がどのようなものであるのか、また虎の影がどのようなものであるのかを詳しく学びとった。しかし、彼らは実際には、まだ本当の狼も虎の姿も見たことがなかったのだ。

そしてある朝、捕らわれの青年の一人が死を決して、牢獄から脱走を試みる。見張り番のほんのわずかの隙をつき、それまで外界とのたった一つの接点だった壁に光を投じていた焚き火の傍（かたわ）らを走り抜けて、彼は外の世界に飛び出した。次第に朝焼けに染まりつつある壮大な大地を一直線に走り抜け、浅瀬を渡り森林をくぐり抜け、それまで見たこともなかった現実の世界を、彼は自分の目ではじめて実際に見ることができた。

そこには目も眩むばかりの光景が拡がっていた。狼や虎を含めて、彼にとってすべてがなんと美しい存在だったことか。影の実像を見ることができた彼の喜びは計り知れないものだったことだろう。

しかし彼の胸を、追跡者の弓矢が射抜く。再び捕らわれの身となった青年は、息もたえだえに洞窟の牢獄に連れ戻され、絞り出すようなかぼそい声で仲間たちに最期の言葉を発した。「僕はどうしても影の実態が見たかっただけなんだ」と。彼は「エピステーメー（確かな知)」を手に入れたかったのだ。

「私たちはこの地上で、イデアの影しか見ていない」とプラトンは『ポリテイア』で述べている。それはちょうど、洞窟の牢獄で生活していた敵の部族の青年と同じことと考えられる。しかも影の世界だけしか見たことのない人たちにとっては、実の世界に憧れを感じることだろう。

影しか見たことのなかった青年が、洞窟から脱走を試み、走り抜けた大地。イデア界とは、影しか知らなかった青年が恋い焦がれ、夢見た実像の世界と同じようなものなのかもしれない。

形どって造るイデア

二次元(平面)の世界で暮らしている人たちには、三次元(立体)の世界で起きる現実が理解できないことがある。たとえば平面の世界では、ある地点からスタートした人が真っ直ぐに歩き続けると、永遠にもとの位置に戻ることはない。しかし、立体の世界で暮らしている私たちは、もしも地球儀のような球体を選んで、経度上に地軸と垂直に真っ直ぐ歩き続ければ、再び元の地点へと戻ってくることを知っている。感覚界で生活している私たちが、イデア界の現実をなかなか理解できないのも、おそらくこれに似ているのかもしれない。

プラトンによれば、地上のものはイデアにより「形どられ造られたもの」とされている。つまり感覚界にあるものはイデアの写す影絵に過ぎず、けっして物事の本質ではないということだ。この世界に存在する狼であれ、虎であれ、人間であれ、時間の浸食によって移ろい流れ去り、目や皮膚でそれを感じたとしても本質はその感覚のもとに存在することはない、とプラトンは考えた。現実に、たとえば狼の一頭一頭は、生まれそして死に行く存在である。それはあたかも流れ去る不完全な存在ということにもなろう。

ウィリアム・シェークスピアは『マクベス』で、目に見える世界の印象を次のように述べている。

「人生は移ろう影絵芝居、人間はあわれな役者よ
ほんのいっとき颯爽と気どり、自分の出番に手揉みする
そして失せれば音沙汰なし、うつけの話すお噺よ
喧しいかぎりで
意味などありはしない」

現実が、シェークスピアの言うような「うつけの世界」である一方で、そこにあるすべての物や動物はまた、時を超えたイデア界で「永遠の形（本質）」によって造られている、とプラトンは考える。逆にイデア界にある本質は、ものごとを見きわめ考えようとしている人たちにとって、僅かに現実の世界にも滲みだす。

そして私たちが狼の本当の姿（本質）を知っているとしたら、個々の不完全な狼の姿を通して、本当の狼の姿を経験的に認識したものではなく、狼全体の「ひな型」のようなものを理性のどこかで覚えているからである、とプラトンは推察するのである。この「ひな型」がある場所が、彼のイデアの世界だった。そしてプラトンはこの世界を「イデア界」と名づけた。イデア界には「ひな型」つまりイデアが多数あって、その原型に従って感覚界の諸々の現象が生まれることになる。イデア界にある人間の「ひな型」、動物の「ひな型」、美の「ひな型」などが、感覚界の人を造り、狼を造り、自然の美を造るわけである。この世界に映し出される（形づくられる）人や狼や自然の美といった一つひとつは永遠のものではなく、流れ去る現象としてある。一方、イデア界にある「ひな型」は、永遠で完全なもの、つまりそこにプラトンが理性で近づくことができるとした、けっして流れ去らない本質があるとされる。

感覚界でその「ひな型」を外された狼は、理想的な形態から次第に遠ざかる。それを見ている人間にしても、不完全な実例をどれだけ体験しても、完全な狼の本質に行き当たることはありえない。ところが人間は、感覚界にあってもイデアで見ていた狼を理性のどこかで覚えていて、時にはそれを思い出そうと努力することもある。なぜなら、洞窟で捕われの身であった青年が、影の実像を探ろうと逃亡したように、真実を見たいという本能に捕らわれることが私たちにはあるからだ。

古代ギリシア人は、彫刻によって人の身体の美に近づこうとした。しかも彼らが表現しようとしたものは、時間や国境を隔ててもなお変わらない美で、感覚界にいながらそこに少しでも近づこうとしたと考えられる。つまり古代ギリシアの彫刻家たちは、イデア界の美に近づこうとしていたのである。

たとえば、メロス島（ギリシア）で出土した『ミロのヴィーナス』に表現されている顔には、同時代の彫刻に共通したいくつかの特徴が見られる。それは高く張った眉間や、額からほぼ垂直に続く鼻すじなどで、これらは男性像にも女性像にも共通した特徴とされている。また頭部が小さく身体全体が螺旋状によじれているのはヘレニズム特有の表現で、そこには性別を超えた美しさがうかがわれる。その気高さはおそらく現実の人間のものではなく、しかも私たちの美意識のなかで不変のものでもあろう。

さて、感覚界にいる私たちが、物事の本質に近づくために必要不可欠なものが理性、つまり人間が頭を使って考えることである。プラトンによれば、私たちの魂はこの感覚界に産み落とされた瞬間に、イデア界で見ていたもののすべてを忘れ、エピステーメー（確かな知）から遠のいてしまった、とされている。神話の世界に逆戻りしたような世界だが、このように考えたプラトンはまた、「人間は理性を働かせれば、忘れてしまったイデア界のことを思い出すことができる」と考えた合理主義者であった。

一方、彼は「アカデモス」と呼ばれていたアテナイの森に、世界最古の大学を開いた。後にこの大学は森の名にちなんで「アカデメイア」と命名されることになる。ところでこの大学の門には「数学をせざる者は立ち入るべからず」と書かれていたという。

彼は数学を志すことで、エピステーメーの一部を手に入れることができると考えていたのである。なぜなら数学で考えられる対象は不変だからである。たとえば三角形の内角の和は一八〇度で、しかもそれはけっして移ろい流れ去る存在ではない。また円の直径の端から円周上の一点を結んでできる円周角が直角であることも永遠に変わりはしない。これらはすべて不変で、そこにはいつでも、どこでも、誰にでも間違いない本質がある。

人間が幾何学の問題を考え、たった一つしかない答えを見つけるのは、体験によるものではない。それは頭で考えることで、理性的に真理に接近することができるためである。あたかも人間が、以前住んでいたイデア界で見ていた真理を感覚界に産み落とされた瞬間に忘れ、再び理性で思い起こしている過程のようにも思われる。この考え方は、人間が真理を認識する際、「経験」によってのみ獲得できると考えた経験主義哲学とは立場を異にする。

理性をもってすれば、人間や物事の本質に接近できると考えたソクラテスの思想を引き継いだプラトンは、諸々の真理や本質をイデア論として示そうとした哲学者である。そして彼の哲学のなかには、若かった頃の私が感じたあの「貢献心」や「使命感」さえ暗示されている箇所を見いだすことができる。さらにプラトンの考え方を辿ってみよう。

恋い焦がれるエロス

二元論のところで紹介したように、プラトンは目に見える世界「感覚界」と、そこに見える諸々の本質が存在している理想の世界「イデア界」を分けて考えた。そして彼は、それら二つの世界がどのように関係し合っているかについても考察している。

プラトンによれば、人間もまた、これら二つの世界で同時に生きる存在と考えられている。しかし、これら二つの世界は一人の人間のなかに、混在しているものではなく、理性によって秩序づけられ、関係づけられているのである。

本質がなく、ただ移ろい消え去る物事あるいは現象に生きている人間が、たった一つ、イデアの本質に近づくために利用できる道具をプラトンは理性とした。そしてプラトンはいつどのようにして人間に、理性が発動されるのかについても考えを推し進めている。

すでに述べたとおり、プラトンは、永遠の魂がかつてイデア界に住んでいたと考えた。ところが、「イデアなどなかった」としてプラトンを批判した人たちも少なくなかった。たとえば同時代の哲学者で、彼の弟子だったアリストテレスは、師の説く「永遠のイデア」に批判的だった。ちなみにプラトンの魂やイデアに関する神秘的な考え方は、中世からルネサンス期の神秘主義思想家たちによって研究され、独自の哲学や美学、芸術に応用されている。いずれにしろ、プラトンは感覚界に人間が生まれた際に、かつてイデアの世界で見慣れていた本質を、魂はすっかり忘れてしまったと考えた。ところがそんな人間であっても、感覚界で出会うさまざまな形を見ると、魂がおぼろげながら覚えている本質にめぐり会う瞬間がある。そして再びイデア界という本来のすみかに、魂は熱い想いを馳せるようになる、とプラトンは主張した。

するとたちまち魂は、イデア界への憧れを抱く。あたかもそれは、眠っていた魂が目を覚ますように、強烈にイデアに魅かれ近づこうとする。プラトンはこの憧れを「エロス」と名づけた。前に示した「洞窟の比喩」で、捕らわれの身だった青年が、死を賭して外界への脱走を試み、影絵の実像を見ようとしたのはこのためである。彼が行った死を賭した逃亡は、真理へのエロスが優（まさ）った動かしがたいパトス（衝動）からのものだったと説明することができる。

一方、プラトンが示した人間は、あくまで理想的な姿である。現実は死を賭して真理や本質に立ち向かう人は少なく、また死を賭すような行為そのものを、否定する考え方があることも私たちは忘れてはいけない。

ただしここで、ぜひとも留意しておきたいことは、真理に憧れるエロスが優った人間であったとしても、また理性になかなか目覚めない普通の人間であったとしても、真理や本質にふと捕らわれる瞬間があるということである。イデア説によらずとも、そんな瞬間が人間に訪れるのを私たちは体験的に知っている。たとえば芸術家のインスピレーションなどはその一例と考えることができる。プラトンはそのようなところに着目して、意味をイデアで求めた哲学者である。

プラトンの三つの魂

感覚的に言うことが許されるならば、私にとってプラトンの思想から滲み出てくるものは、むしろアートとしての芳（かぐわ）しい香りのような気がする。もちろんプラトンの思想が、後の哲学史にくっきりと足跡をとどめているのを認めてのことだ。にもかかわらず、ルネサンス期のラファエロ（一五〜一六世紀）の絵、たとえばヴァティカーノ宮（ローマ）の「セニャトゥーラの間」に描かれたフレスコ画『アテナイの学堂』などを見ると、その絵にあるようなギリシア哲学者の神々（こうごう）しいシルエットが、プラトンの築いた世界の背後に感じられるような気がして美しい。

彼がイメージしたイデア界にしろ、それがあるといわれる天空の世界イベルウラニオンにしろ、プラトンはそれらの世界に完璧なまでの美を感じていたはずと思われてならない。しかもその世界にある美は、一点の乱れもない「まったき美」、つまり「美のイデア」になっていたはずである。

プラトンはまた、エロスを一種の狂気（マニア）とも言った。おそらくそれはエロスが人間の本能の一つであること、しかもそれが隠された強い本能であることを示唆した言葉なのかもしれない。実際、彼はさまざまな著作で美を享受しようとするエロスを強く意識しているところがある。

真理への憧れは、「ソクラテスの死」で解説した危機的な状況のもとで発動される貢献心や使命感にも似ている。この二つはあたかも人間の本能のように、学習や真理に向かって走り続ける人に対しても、また享楽に向かって走り続ける人に対しても、いずれの人にも在って、いつしか無意識のうちに訪れるものであろう。

その時、たとえば使命感を感じれば、死へのニヒリズムから多くの人々は脱却できるだろう。一方、貢献心は危機的状況にある時でも意識のうちに内在し、その本能を実行することで、死の恐怖から私たちを救うことにもなるはずだ。

また、イデアに向けられる人間の知そのものも、究極的には美しいものへ向けられた本能としてのエロスと考えられる。理性によってのみ考えることができる幾何学の構造にしても、現実の狼を形づくるひな型としてイデア界にある理想的な狼にしても、おそらくプラトンにとって、それらは「神々がし賜（たま）う数学」のように一点の矛盾もなく美しい構造そのものだったことであろう。そして彼が言う魂は、真理や本質の美を感覚界のな

ギリシア時代の哲学者

――ラファエロ『アテナイの学堂』を
モチーフにして

天上を指さすプラトンに、現代は何をイメージするのだろうか。

かで直観し、本能としてのエロスに誘導されながらイデアに向かうことになる。

さらに全てのイデアの究極に、たった一つの特別なイデアをプラトンは定めた。それは「善のイデア」である。あらゆるイデアは究極の「善のイデア」に視線を向け、それを志向するものとなる、と彼は言う。イデア界にあるもののみならず、感覚界にある人間も、究極の美を目指すエロス的な衝動の下で「善のイデア」への螺旋(らせん)階段を上りつめ、ついにイデアそのものの美、つまり「善のイデア」を直観するに至るのだ。

つまり人間は、善いことを自然に愛せるようにできているというのである。このプラトンの思想を鑑みるとき、貢献心という心質的本能が、死といった危機的な状況のもとでさえ、いずれはその恐怖から人を解き放ち、それゆえ人間がなかなかできないテーマに立ち向かう使命感をも知らぬ間にもたらす原動力となるように思える。

一方、「善のイデア」に接近するための道具である「理性」にはまた、「気概(意志)」や「欲望」が付きまとい、全体として人間は、これら三つの魂が混ざり合った混沌とした心を抱いている存在である、とプラトンは考える。私たち感覚界に住む人間にとって、「在って見えない本質」があるという問題の原因がここにあるのではないか。

なぜなら「気概(意志)」はしばしば暴走して「理性」で制御ができなくなることがあ

り、また「欲望」はしばしば節度を失い怠けようとし、「理性」を損なうからだ。

人間の心の中にあるこれら三つの魂は、本来ならそれぞれが自然に「善のイデア」に向かうはずである。ところがこれらがアンバランスな力を発動しはじめると、たちまち理性は他の二つの魂をコントロールできなくなって、人はイデアへの道を見失ってしまうことになる。

三つの魂の中にあって、「理性が他の二つの魂『気概』と『欲望』をコントロールすべき」とプラトンは著作『パイドロス』で主張する。それはあたかも、「理性」と呼ばれる馭者（ぎょしゃ）に操られる二頭の馬に引かれた馬車のようなものなのかもしれない。「理性」による制御がうまくいけば、暴走する「気概」は勇気へと変わり、節制のない「欲望」は節度へと変わることになるはずだ。そして理性が率いるこの馬車は、はじめて全体として一つになって至上の「善のイデア」へと向かう。

使命感とは、躍動するエロスにも似た一方の馬、「気概」のようなものではないか。私が中学生の時、友人の兄の死に直観した「使命感」とは、プラトン風に言うならば、イデアに向けられた本能的な「気概」が、理性の馭者に巧みに御（ぎょ）され、勇気に変換されたものではなかったか。彼の乗る馬車は全体として理性に御されながら、輝かしい「善のイデア」に向かって行ったはずである。そしてその瞬間、彼の本能からの貢献心は至上の使命感に飛翔を遂げたのだ。

他方、享楽で死の淵に走りつめる人であれば、それは巧く御せない「欲望」の馬が優り、節度を欠いた魂の馬車となっているのかもしれない。この時、享楽の人の目には貢献心の実像が「在って見えないもの」となり、なかなかつかみづらくなり、見えてくることもない。しかしまたこれらの人の心のうちにも、暴走しがちな「気概」と、節操のない「欲望」を抑制させる、第三の魂「理性」があることを見逃してはならない。たとえそれが、「気概」や「欲望」を御せないほどに小さな「理性」であっても、それは「無くて御せないもの」ではなく、「在って御せないもの」なのだ。

人間研究の価値と貢献心

ソクラテスから引き継がれた理性に基づく合理主義的な精神は、プラトンによって大輪の花を咲かせた。しかし、たとえプラトンが後の西洋哲学史に偉大な足跡を残した哲学者であることを認めるとしても、彼が構築した「イデア説」を、私が直観した「人間の本質」へと対応させるのは、いささか不自然な感じは否めない。

現実に私はプラトンの思想をとおして、貢献心が本能であると認識したわけではない。私はさまざまな思考をめぐっていく過程で、この心質的な感情が自然な本能であったこと、そしてそれが死のような危機的状況をとおして発現されやすい性質を秘めていることを理解するに至っている。また理性によって獲得される使命感の背景には、「ホモ・コントリビューエンス」としての人間の大切な特性である貢献心という本能があることを、ある確信のもとに推察した。しかも「貢献心は本能だ」といった認識から、至上の成果物として使命感が生まれるのではないかと、私は半生の折節ごとに感じもしたが、これらの考察はプラトンの思想からのものではない。

むしろ私がとくに思うのは、友人の兄の死をつうじて学んだこのような本能の一側面が、理性を重要視した合理主義哲学の思想に集約されていた「人間の本質」のごく近くに位置することである。貢献心が本能であることを、ソクラテスやプラトンといった西洋合理主義初期の哲学思想に照らし合わせて考えてみることは、ある意味で私自身が直観した哲学の理論化だったのかもしれない。

人間は他の動物と異なり、自らのつくった文化や制度に依存しながら生きている社会的な存在であるが、その一方で私たちは、動物と同様に自然の中に育まれている存在でもある。ところが、そのような人間のみならず、それらを取り巻く自然環境についてさえ、混沌とした存在としか受け止められず、なお環境破壊が進む現代にあって、ソクラテスやプラトンが示した考え方は、新たな注目に値する。私たち現代人は、そこに人間精神の偉大な研究があったことをけっして忘れてはならないとともに、さらに彼らが切り拓いた「人間の本質」への取り組みを、改めて強力に行ない引き継いでいかねばならないだろう。

あえて今、西洋哲学の幕開け時代の哲学者を選び、彼らが後世に示してくれた「理性」に着目して、中学生だった私がはじめて直観して、その後一日も欠かさず考え続けてきた「人間の本質」への問いをここに語ったのはそんなところにある。そして哲学史の朝焼けにも似たプラトンの異彩を放つ哲学に則して言えば、私が直観した使命感と「本能からの貢献心」を次のように括（くく）ることができるかもしれない。

人間は本来、自分の本能を自然に愛するようにできている。本能をあるがままに感じて、しかも虚無感や無常観から解放されたその瞬間に、「貢献心は在って見えなかったもの」から「見えるもの」へと飛翔する。それはしばしば本能のように逆らいがたい力動で、眠っていた理性を突然呼び覚ますこともあれば、また前述の友人の兄の場合のように、危機的な状況下で発動される使命感を生むこともある。

イベルウラニオン

——アテネのアクロポリス跡を
モチーフにして

イデアがあるという世界イベルウラニオン。
「善のイデア」を見つめながら飛翔できたら理
想的ではないだろうか。

いずれにしろこの本能は、死といった危機的な状況のもとで、その恐怖から解き放ち、時には人がなかなかできないテーマに立ち向かうような使命感を与え、時には時代そのものをも動かすほどの力を社会全体にもたらすこともあるのである。

岬のレストラン

都心から、車で二時間ほどの距離にある岬のレストランは、海岸線の断崖にはり出すように造られている。入り江全体を一望できるほど高く、全面ガラスばりの窓際から海原を見下ろすと、はじめての人はおそらく足もとが竦(すくん)でしまうのではなかろうか。ボーイに導かれるまま、私は窓際の席に座った。娘との待ち合わせの時刻まで、まだ三〇分残っていた。

メニューを見ているときも、漆黒に磨き上げられた柾目(まさめ)の床の下を想像すると、しばらくは足を下ろすことさえ憚(はばか)られる。というのも、その日の海は荒れ模様で、床の下に拡がる空間と、さらにその遥か下方でうねる濃紺の海原から風と波の音が聞こえていたからである。しかし、そんな感覚も注文したコーヒーが運ばれてくるころにはすっかり癒えた。

私は広大な海を見つめ、コーヒーの味もそぞろに妙な思いで昔を思い出していた。

それは少年時代の数年間を過ごした香川県のタバコ畑の風景である。疎開で訪れた四国の畑は、都会育ちの私の目にやけに広く映ったものであった。

終戦をむかえ、東京へ連れ戻された私は、以降、その地を訪れることもなく、中学、高校、大学と学生生活を送った。

しかし、学生時代を終えようとしていた二二歳のとき、私は四国のあのタバコ畑がどうにもなつかしくなって、以来はじめて香川に渡ったのであった。香川の村に入ると、日はすっかり西の空に傾いていた。野山一面のススキが穂を赤く染めているのが、あのときの私の目に幻想的に見えたものだ。しばらく歩くと、かつて遊んだ釈王寺の境内に入った。たしかに、ここに丸い石畳があって、子どものころにはよく飛んで渡ったものだった。狛犬（こまいぬ）も、土の塗り壁も、まったく変わりない。

しかしなぜか私は、胸のうちで何かが変わってしまっていることに気がついた。だが、その変化が何からくるものなのかわからない。未消化な感情に当惑しながら、私はいよいよ目的地のタバコ畑に向かいはじめていた。ススキの穂に畑が霞んで見えたときである。子どもの目に広大だった香川の田園風景が、当時と背丈が異なる視線に、箱庭のように小さく映っているのに気がついた。高さによって、風景全体の印象がこうも変わるものなのかと、畑の前で立ち尽くしていたのだった。

ふと我にかえり、波間の沖合から店内に目を移すと、奥にあるステージで、ジャズのバンドがサウンドチェックを終えようとしていた。ほどなく、黒人のギタリストが、オフビートでイントロを奏ではじめる。昨年、ニューヨークで、同じ音楽を聞いたことがあった。パーカッションのハイファット・オープンに続く女性ヴォーカルが、スネアのフレージングから静かなスウィングを口ずさむ。

私は、まだ温かいコーヒーカップを口に運びながら思った。「ある『高さ』を、何の基準もなく、誰が『高い』と評価することができるのだろうか。また、誰がそれを『低い』と評価できるのか。仮にある高さを基準に、それを『高い』と判断したとして、誰がそれを『崇高だ』と断定できるのか。幸福や不幸、裕福さや貧しさの感覚も、きっとそんなものではないのだろうか」と。

第二章　ホモ・コントリビューエンスとは——貢献モードで探る世界

私たちは他人のために尽くすことがある
ところが、尽くす人が尽くされる人の気持ちを
本当に理解しているかどうかは
また別なのかもしれない

滴り落ちる水のごとく

ふつう人間は無意識のうちに、自分を優先させる行動へと向かう。そこで行われる行為はすべて、人として生きるために不可欠な欲求を満足させる方向へと動く。また行為の理由を探り続けていくその先に、誰もが一様に抱いているさまざまな「本能」の存在が透き通るように見えはじめてくるときがある。しかも自分を優先した行動は、他者が行う同様の行為と必ずどこかで対立して、いつしか自分に不安をもたらす要因となることにきっと気づく。

ところがそんな行為が自然な本能であるかぎり、誰しもそれが自分の存在や生命そのものに、どこかでつながっていることを知っている。しかも、自分についても見られるこの本能は、他者に対しても同じように現れる。

また本能的な感情のもとで、私たちは、倫理や道徳の基準へ向かうよりも明快に、快楽の原則へと結びつきやすいものである。それは否定されるのでも肯定されるのでもなく、あたかも地下水が厚い岩盤の、目に見えない隙間に滲み出し、しかも高い地点から低い地点へと滴り落ちるもののように、自然な状態と受けとめることができる。

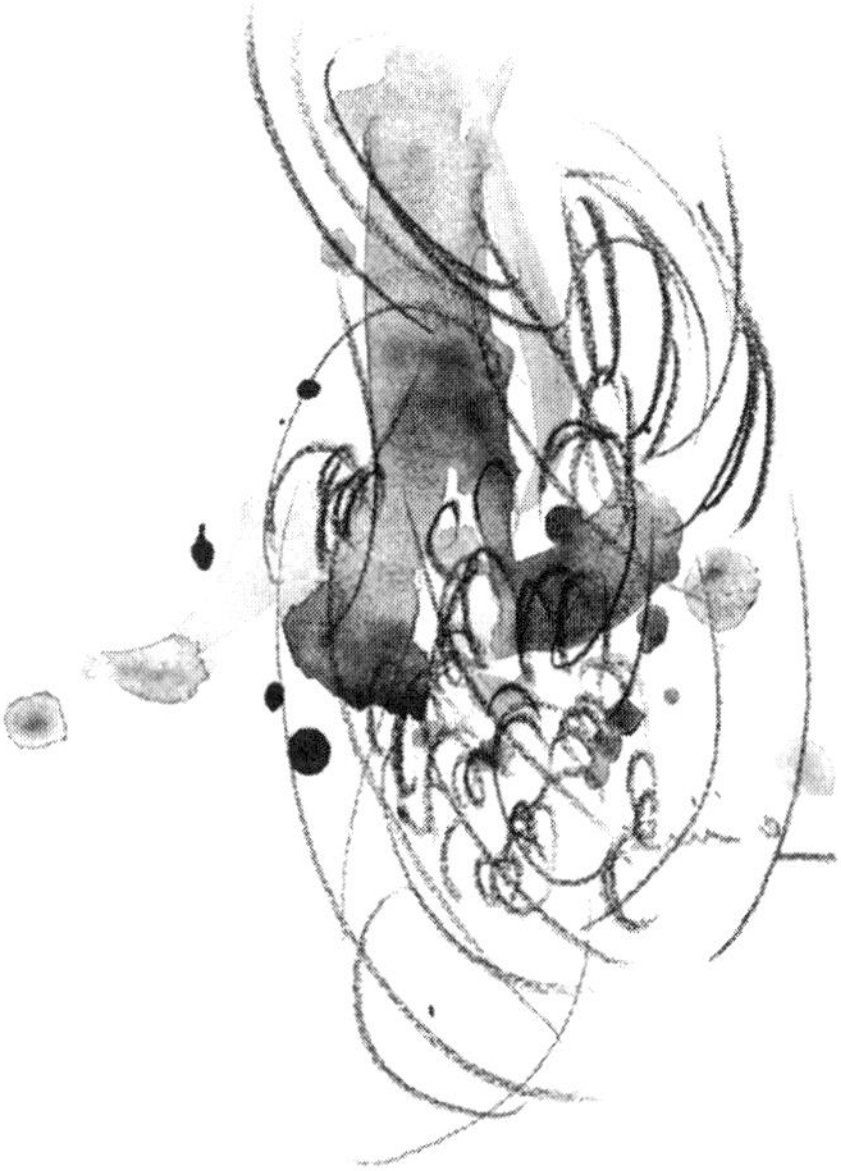

落ちる水

――『レオナルド・ダ・ヴィンチ素描集』
（岩波書店）をモチーフにして

複雑に見える水の流れも知性で単純化すれば、
滴り落ちる水滴が集まった運動に過ぎない。

にもかかわらず、私たちはまた、本能にどこかうしろめたい感覚を抱いて生きている。そして「自分」から発する本能を、どう合理的に否定して生き抜くかといった葛藤を背負い、身の回りの倫理や道徳といったものに解決の糸口を探ろうとする。しかし、けっして地下水は厚い岩盤に永遠に閉ざされるものではなく、また低い地点から高い地点へと滴り落ちはしない。なぜならそれは自然ではないからだ。

さらに私たちは、社会的な存在でもある。社会という共存の場で、人間は個人の本能を抑え欲望を優先するような行動を自ら戒め、またお互いに戒めあう。社会のなかでお互いを戒めあおうとする感情は、家族に対しても同僚に対しても、また先輩や後輩に対しても同様にかたくなだ。なぜなら個人の本能に根ざした欲求が、時として社会的な支障をきたしかねない場合があることを、私たちは知っているからである。

事実、社会のどんな他者に向かい合っていても、たとえその他者が家族であったとしても、そこにいる「自分中心の自分」と「自分中心の他者」とがいつもあって、それら二つが完全に調和しあうことは稀だ。本能を抑えようとする時も、対峙する自己と他者との間には少なからず軋轢（あつれき）が生じ、また本能を優先させてしまった時、対峙する自己と他者の間に齟齬（そご）が生じてしまう。

たしかに人間は本能の抑制を学び、しかも現実にそれを行うことができる。だが、ふと立ち止まって「本能を抑制するのは何のためなのだろうか？」と考えてみると、戸惑うことが少なくない。地下水が低い地点から高い地点へと滴り落ちることがないように、本能をまったく抑えてしまうことは不自然なのである。それは自分を傷つける凶器ではなく、自分そのものといった風なのだ。

私たちはそんな本能の矛盾に立ち向い、いつも自分を疑って、快楽への衝動に戸惑いながら他者との関係性に焦燥する。そこには私たちが本能を自然な作用として受け止められないという心の自然な反作用が働くからである。

ここで戸惑う自分の内面を注意深く見つめてみよう。この作用と反作用に揺らぎながら、私たちは社会のなかで、いつしか他者に尽くすことをしはじめる。家族に対しても同僚に対しても、また先輩や後輩に対しても、他者に貢献することで、私たちはある種の「救い」のような明るさの感覚に目覚めて、そこではじめて安心できるようになる。なぜならそこでは本能を否定することもなく、しかもその一方で、他者に尽くすことが悪いことではありえないからなのだ。

事実、他者に対峙して発動されるこんな心の一面は、あたかも本能が発動される時のように自然に作動して、しかもどんな倫理や道徳律に反することもない。そこで再び地下水は高い地点から低い地点へと滴りはじめ、私たちは知らぬ間に自然な寛ぎに包まれていることに安堵する。そんな人間の、他者のために働きかける自然な気持ちを、私は「貢献心」と名づけている。

貢献心は本能だ

本能とは、人間が生きていくために自然から授かった生来の能力であって、目的をもって後天的に身につけるものではない。それは人間の因果律に属し、自然に湧き出してくるものであって、それゆえ人間の合目的律に属するものではない。

一方、「貢献心は本能だ」といっても、それは「心」から発する本能であって、食欲や性欲など「身体」からの本能とは異なる。一般的には本能というと食欲や性欲など生理的なものを指すが、これらを「体質的本能」とし、貢献心を「心質的本能」として、一応、色分けしておくことにしよう。ただし、いずれも人間の因果律に属する本能であることに変わりはない。

ふつう、私たちは他人のために行う行動に対して、努めて精神性を前提として身構えようとする。たとえば自分から他人に尽くそうとするとき、おそらく相手は感謝するだろうと無意識のうちに推察してしまう。ところがもし、自分が他人のために行動を起こしたくなったとき、そんな自分の心の内側を見つめてみれば、学習して獲得されるような精神的な心の作用とは異なる素朴な幸福感を発見することができるだろう。そしてそこに本能に似た満足感を感じた瞬間、貢献したい気持ちに対する従来的な理由づけがわざとらしいことに気づいてハッとする。

私たちは本能をなぜか低位な欲求と位置づけ、競ってそれらを戒める習慣がある。しかし本能には、人間の生命を維持するための不可欠な側面があることを誰もが知っている。しかも他者に尽くそうとする貢献心の中にも、自分を満足させたいとする欲求が明確に刻み込まれているのだ。それらをむしろ自然に受け止めて、ここでは「貢献心」を人間だけに与えられた本能とみなすことにしよう。それが「貢献心は本能だ」と考える私の基本的な姿勢であり、つまりそれは「他人のため」を「自分のため」と割り切ることである。すると自然に新たな境地がひらけてくる。

それは自分が本能のもとで「生きている」という実感をともなった、今まで見えなかった心の世界である。同様に他者からの貢献心をも受け止めて、しかも受け止めている自分のその姿に、他者が発動している貢献心という本能を考え合わせたとき、「自分は生かされている」という実感がこみあげてくることである。それは、人生に対する楽観主義にも悲観主義にも偏ることはなく、「自己」と「他者」との間にある、あらゆる軋轢や矛盾をも超えて、私たちに素朴な幸福感を残してくれるはずだ。

軋轢や矛盾はけっしてなくなるわけではない。ところがそんな現実を超えたところで自分が「生き」、「生かされている」と実感したときに、人生が生の充足感に満たされるように感じられる瞬間が訪れるのだ。

第五の人生モード

自分を中心に考え過ぎると、他人の不幸がなかなかわからない。かといって他人のために行動するその人が、必ずしも他人の不幸を理解していると仮定することもできない。しかし自己と他者との関係で、少なくとも間違ってはいないと推察できることがいくつかある。たとえばどのような理由があったとしても人生に絶望したり、自分の存在を徹底的に否定してしまうことが、自分のためにならないのみならず、他人のためにも良い影響を及ぼすことにならないのはその一例だ。絶望はその人の孤立化を促す。これもまた貢献心と別の話題ではない。

自分の人生に絶望している人に対して、他者の存在を斟酌（しんしゃく）せよと納得させることはできない。なぜならば絶望には「納得する」という感覚が欠けており、主体性の弱みを自らさらけ出してしまっているからだ。彼の人生に他者との接点は存在せず、そのため彼は誰からも説得されることがない。

一方、人生のなかで、たとえそれがたった一度の出会いであったとしても、すべてを相手から汲み取ろうとする人に絶望はありえない。彼は内側から発する本能の触角で、まず相手が何者であるかを察知し、手際よくそのなかのすべてを了解するしなやかな感性を抱く。そこには彼とは別の人格があり、歴史があり、技術があり、また相手がそれまでに学んできたあらゆる知恵のパッケージがあって、それらすべてとめぐり会うことができるのである。偶然の出会いから相手の内面の拡がりを理解できる者にとって、人間はまさしく一つのコスモス（宇宙）なのであろう。

たとえてみれば個人の人生は、音や光のスペクトルと同様にさまざまな振動モード（様態）が合成されていて、全体的な現象となって表れているのである。この全体を「人生のモード」と考えれば、一般にそれが「遊び」や「学習」、「仕事」、「暮らし」といった四つのモードから形づくられていると考えられる。そしてこれらの要素は、全体が一つとなって個人の人生を形づくると同時に、それぞれが独立したモードとしてとらえることができる。またそれぞれのモードの間に共通部分があることもあり、また互いに対立し合うこともある。

さらに、それぞれのモードは細分化することもできる。たとえば「遊び」には娯楽やスポーツ、趣味、さらには旅などといったものが含まれ、「学習」には教養や体験といった付属の要素が含まれるとともに、人との出会いや読書といったものまでが含まれるであろう。「仕事」については生活を営むための経済的な活動から、おそらくは地域社会での活動などが、そして「暮らし」には衣・食・住のさまざまな事柄が含まれる。

他方、「暮らし」は「遊び」や「学習」、「仕事」を含むような、より大きな全体モードとして考えることもできる。「遊びも学習も仕事も、すべては暮らしのため」と考えることはけっして間違ってはいない。たとえばある人は「仕事」という全体モードのもとに、「遊び」や「学習」、「暮らし」を位置づけることもあろう。そのとき彼は「遊びも学習も暮らしも、すべては仕事のため」と割り切る。さらに「遊び」といった全体のもとに他のモードを考えることも、「学習」という全体のもとに他のモードを考えることもできる。このように、人生全体のモードは一つひとつ独立して分類することが難しく、そこでは四つのモードのそれぞれが、目的にも手段にもなりうるのだ。

人にはそれぞれの人生モードがあり、それらすべてが個々人に固有な特徴であるとすれば、「人」という動物の特徴はどう表現されるのであろうか。

たとえばオランダの歴史学者ホイジンガ（一八九二〜一九四五年）は、それら四つのモードのうちの「遊び」に注目して、それが人間の本性だと考えた。そして彼は人類を「ホモ・ルーデンス」と呼んだ。直訳すれば「遊戯人」という意味である。

また生物学で、人間は、高度な「学習」をする特性から、「知性人、理性的動物」という意味である「ホモ・サピエンス」と呼ばれている。さらに「仕事」（物を生産する）といったモードに着目して、人類を「ホモ・ファーベル」（工作人）と呼ぶこともある。

このような人生モードの観点から、人間に固有な本能であると考える「貢献心」に着目すると、そこに新しい人間の全体像が浮き彫りにされてくる。私はこの観点から人類を「ホモ・コントリビューエンス」と名づけたい。それは「貢献仲間」という意味である。「遊び」や「学習」、「仕事」や「暮らし」といった四つのモードでは説明できない人間の側面が、この「ホモ・コントリビューエンス」という言葉から浮かび出てくる。それは人生のなかで自分が生き、また生かされているといった意味をも含む。

先の四つのモードに、新しい「貢献」という第五のモードを加えると、人生の展望がずっと明るくなってくる。しかもそこから人と人との結びつきが滲み出し、ある拡がりをもって感じられ、「自分」が一層鮮明に浮き彫りにされることがわかる。

事実、「遊び」、「学習」、「仕事」、「暮らし」といった四つのモードだけで説明されるものは、人生の個人的な側面だ。もしそれを自分の現実にあてはめようとしても、どこか自分の存在感を欠くものにならざるをえない。なぜならそれは、あたかも個人の人生を分析的にとらえて、他者との関係を考慮することがないからである。その考え方は一見客観的に思われるかもしれないが、人生が総合的なスペクトルを放ち、しかもとどまるところがない変化を教えてくれはしない。

一方、第五の「貢献」モードを他の四つに加えることで、前途に何が起こるかもしれない人生について、今からおおよその地図が描けるようになる。このモードを頭の片隅に置いておくかぎり、人生への充実感が拡がって、節目々々で迷ったとき不足しがちな決断力を補い、自分が進むべき道を選択するためのいわば補助線になるのである。

また「貢献」モードは、他の四つのモードではカバーし切れない人生の領域を明確に縁どる。たとえばボランティアというような「仕事」とも「暮らし」ともつかない、かといって「遊び」でも「学習」でもない行為の領域が挙げられる。また「仕事モード」と関係しながら、経済行為とは判断しがたい地域社会での公共的活動や、他人のための自発的な行動や、さらには親子の関係などあらゆる人間関係に起きる事柄の本質が、「ホモ・コントリビューエンス」の概念を通して明瞭に見えはじめるのを実感して欲しい。自分にもまた他人にも、貢献心があると観ずることをさまざまなケースで自ら感得し、修得していただきたいのである。

モードの選択

ときどき人間は特定のモードを定めて行動することがある。たとえば学生が「学習」モードを選択して、そこに邁進している姿は清々しい。また試験準備の期間に生活のモードを「学習」中心に定めるのは、学生にとって合理的な判断であろう。しかし「学習」を忘れて「遊び」だけに邁進するならば、それは本末転倒なものとなる。他方、学生時代の全体をとおして「学習」だけの生活は、大変に味気ないもののように私の目には映る。モードの選択にはその人の必要性が反映され、趣味が表れ、そして人生観が映し出される。さらに学生時代だけではないもっと長いスパンの人生で、モードの定め方についてどう考えればよいのか。

私たちは自分の服を自分の趣味で選ぶように、時に応じて人生モードを自由に装うことができる。ただし、人生といった長いスパンで見つめたモードの選択は、必然的に複合的なものにならざるをえない。むしろそれゆえ、複合的なモードを自然に装うことがその人の生涯に彩りを与え、また活力を発揮させるのである。

たとえば、「学ぶときは一心不乱に学べ」、「仕事に遊びを持ち込むな」といったモードの選択は、短いスパンで考えると必要不可欠である。しかし、人生全体という長いスパンでこのようなモードを選択すると、継続性という観点でしばしば息苦しくなり逆効果にもなりかねない。また継続性を欠いたモードの選択は、自分に本当の満足をもたらすものとは言いがたい。

他方、「好きこそものの上手なれ」という格言が示すように、スペシャリストとしての仕事には、仕事の範囲を超えて達人の域に達する可能性が秘められている。しかもその言葉からうかがわれる効率的な学習への姿勢には、画一的な堅苦しさの感覚はなく、学習モードから遊びモードまで含まれていると感じられるのではないだろうか。現実にはこのように複合的なモードがあって、そこからの行為は総合的なスペクトルを放つかのように見られるものとなる。

心の底から「これがしたい」といった本能的な動機に裏うちされた人生モードの選択ができれば、全体のスペクトルの中である特定のモードが際立って輝きはじめるようになる。逆に、単一のモードに埋没してしまうと、そこからの行動は継続的にはならず、またそうなってしまうと人生と呼ぶにはあまりにも物足りないものになってくる。

貢献モードを探る

「本能からの貢献心を人生モードに設定すれば、人生の展望がずいぶんと拡がりをもって目に映るようになる」と私は述べた。この言葉に秘めた仮定「本能からの貢献心を人生モードに設定すれば」と、結論「人生の展望がずいぶんと拡がりをもって目に映るようになる」を具体的に考えて、自分の生活に照らし合わせてみることが貢献心を自己検証するうえで大切である。

そこでは貢献心と自分とのかかわりが、まず最初に問われることになる。すると前に述べた五つの人生モードは、単に客観的な事実として人生を分析する道具となるにとどまらず、いざという選択の時に、自分が選ぶべき方向性を示してくれる補助線として働くはずだ。しかしどのようにして、見えない「貢献心」を「自分」のなかに設定し、またそれを実感すればよいのだろうか。

一般に、言葉で示されるだけの見えない概念を「自分」のなかに設定することはなまやさしいことではない。それでは、どのようにして見えない貢献心を自分のなかに設定すればよいのだろうか。それには「自分」をどのように分析し、「他者」との関係性を理解するのかといった観点が欠かせない。他方、見えないものから生じる出来事を察知する感性と、それがどのような本質を内包するものなのかを考える探究心が不可欠でもある。

もしも貢献心が私の言うように人間の本能であるとすれば、他者に尽くしたいという自然な気持ちはあらゆる人の心のなかにあるはずである。一方、そのような本能を抱いている人間にとって、貢献心が見えにくいものとなっている思考法や生活環境が必ずあって、そのため貢献心がなかなか見えてこないというようなこともしばしば起きる。するとその人には、前に述べた「本能からの貢献心を人生モードに設定すること」ができず、「人生の展望がずいぶんと拡がりをもって目に映るようになること」が実感できなくなる。

さて、私にとってもかつて見えなかった貢献心が次第に見えはじめるようになったきっ

知的生活の空間

――『レオナルド・ダ・ヴィンチ素描集』
（岩波書店）をモチーフにして

人間は無意識のうちにいつも何かを考える。しかし理論的に物事を判断するために、考察の前提と道具が不可欠だ。

かけは、他者に尽くしたいという思いをもたらす本能が、身の回りに起きるさまざまな出来事をとおして私に訪れはじめたことによる。そしてそれらの出来事が当時、私にとって哲学的と思われたもの、つまり人間の本質に直結するのではないのかといった予感があり、次第に自分の存在や、未来の展望がにわかに奥行きを増し、拡がりをもって感じられるようになったのである。これについては第三章で詳しく述べたい。

また、自分のうちに他者に尽くしたいという思いがあっても、今はそれが本能として認識できないからといって、必ずしもそのような思いが「本能ではない」と結論づけるのは難しいのではないか。

いずれにしても、「自分の人生モードにとって貢献とは？」といった問いに対して、「貢献心は本能だ」とする認識のもとで、具体的な回答を挙げることができるのであれば、視野は急速に拡がって、人生に大きな目標が見えてくることになるだろう。なぜならその思考法には絶望や欺瞞といったものはありえず、明確な自己が反映しているからなのだ。一応ここでは貢献心が本能で、それが人生モードに設定できるほど大切な人生の本質的なものを内包しているものと考えておくだけでも十分だと思われる。するとその人の貢献心に関する前述の「仮定」と「結論」の関係が、わずかではあるが確実な一歩を踏み出す。

私たちはどんな場合でも、言葉の意味を正確に考えておかなければならないのは当然であるが、いたずらに見えない言葉だけの抽象化に走り、ジレンマに陥ってしまうことは避けなければならない。

そのためには「在って見えないもの」が放つ現象の光を察知する感性や好奇心が不可欠であり、さらに「無くて見えないもの」を証明することも一つの真理の発見につながることを考えておかなければならない。いずれにしても「見えるから在る」または「見えないから無い」と断定する思考法が、私たちの感性と好奇心を曇らせる原因になることはまちがいない。

挨拶言葉にみる貢献心

日本の挨拶に「お蔭さまで」という言葉がある。ここには私たちが暮らしている社会が「ホモ・コントリビューエンス」の集まりでできている一つの表れであると考えられる。

言葉本来の意味においては、恩恵を受けた相手が恩恵を施した人に対して「お蔭さまで」が使われるべきだろう。しかし、初対面の人と話していて話題が家族などに及び、「ご両親はご健在ですか?」といった質問を受けたときなど、私たちは自然に「お蔭さまで」としばしば答えてしまう。自分が一度も会ったことがなく、なんの恩恵も受けたことがない相手に対してなお、私たちは「お蔭さまで」と答えようとするのである。少なくとも欧米にこのような挨拶はない。

この言葉には日本的な考え方の特徴がある。同じ社会に生きている以上、私たちは同じ社会の一員として他人との関係性に根ざしている。だからある人が社会で「生きている」ことは、他者との関係性のうえで語ることができ、自分が社会で生きていかれるのは、他者に生かされているという意味あいが積極的に込められるとも言えるであろう。

しかもこの言葉は、自分が一度も会ったことのない相手にも使われるところから、見ず知らずの人にさえ自分が「生かされている」ことに対する感謝の気持ちが表れている。つまり「お蔭さまで」の挨拶には、その人の貢献を受け取っていることに対する感謝の念（謝念）、または受け取ることができる可能性に対する受け手からの謝念が表現されているのだ。まさにその挨拶を交わす私たちは「ホモ・コントリビューエンス」といったイメージだ。

このように人が社会で生き、生かされている関係で結ばれていることは、見ず知らずの他人同士の間ですら貢献心の場になりうる可能性をうかがわせる興味あるマッチングでもあり、これはまた「貢献心は本能である」と考えるかぎり当然であると考えられる。さらに、この挨拶からうかがわれる、生きまた生かされているという感覚には、職業や性別、生活環境の違いを超えて、あまねく社会全体に通用するところがあって、この感覚のもとでは年齢の上下も社会的な上下もなく、すべては平等なのである。一方、「お蔭さまで」という挨拶には、わが国固有の信仰である「八百万の神」といった汎神論的な考え方に深いところで関係するものと推察される。つまり「何にも宿る神様のお蔭」といった感謝の思いが込められていると考えられる。

このように「お蔭さまで」といった挨拶言葉の例でイメージされるような貢献心と、わが国固有の伝統的との不思議な連関は、「もののあわれ」などといった日本的な情緒にも著しく現れる。これについてはさらに考えを述べよう。

もののあわれを解する

私の好きな言葉に「もののあわれ」がある。この言葉は外界の事物に触れたときに起きるしみじみとした情趣を表すものと私は考えている。それはまた、自然や人生に対して抱く、心に染みわたるような落ちついた深い情緒を含んでもいる。この心は、古来わが国のさまざまな文化遺産に連綿と語り継がれてきた言葉で、私たち日本人がいかにこの情感を大切にし続けてきたかがわかる。

しかも「もののあわれ」という情感は、「事実を冷静に観察する」こととも密接な関係にある。常に自然や人生の物事は無常のもとにあり、千変万化、予期できない出来事で満ちている。限りある一度だけの人生であることは間違いない事実で、ここにもまた「もののあわれ」が息づいているのである。

人類が地球上に誕生して以来、膨大な数の人間たちが生きて、そしてまた死んでいった。死なずに生き続けた人は誰もいない。太古から、不老不死は人間の永遠の願いだったが、この事実の前で生命の存在はあまりにも無力だった。ミイラに生命の再生を託し、ピラミッド造営に全私財と権力を使い果たした古代のエジプト王は、巨大な歴史的遺産を後世の宝として残しはしたが、再生した者も誰一人としていなかった。また病気が治って長寿が得られるならば、全財産を失ってもいいと言い放ったアメリカの実業家ロックフェラーは、莫大な財産を残したまま逝った。

人は生まれ、移ろい、そして滅する存在なのだ。その限りある移ろう存在に、「もののあわれ」を解する心が宿っている。この有限性に秘められた心のなかにあって、逆にそこから滲み出す永遠性があぶり出しのように浮かび出てくるのである。

たとえば、科学技術の粋を尽くして月面に立った宇宙飛行士は、漆黒の宇宙空間に浮かぶ青い地球を見て「壊れやすく危うい存在」と語ったと言われる。地上においては圧倒的な存在感を誇る大気や海洋さえもが、月からは地球にへばりついた存在に見えてしまう。地球上の生命体がそんな水と空気に包まれている様子は、実に危うい存在であろう。宇宙空間の中では、それらはいとも儚（はかな）く心もとない存在である。月面で見た映像のすべてを「限りなく美しく愛（いと）おしい」という言葉で結んでいる彼の言葉はまことに印象的だ。

一見すると事実を熱く観察する方が、それを冷静に観察するよりも人間的に思える。人間的な情感の躍動がダイナミックに映るからだ。一方、事実を静かに観察することは、その情感をむしろ抑えているように見える。しかし実際にはそうではなく、静かに物事を観照することのなかには「もののあわれ」の深い情緒が漂う。ただ心にまかせるという自在の境地である。「もののあわれ」を解するには、むしろ主体の意識的な激しさや熱さを抑え、思い込みを打ち払うことが肝心だ。わざとらしさや激しい思い込みで物事に対していると、その結果として事実を誤認しかねない。さらに、誤認した事実をなおも熱狂的に保ち続ければ、取り返しのつかない事態に至ることを歴史はまざまざと見せつけている。

原理主義的宗教が、中近東の国々において紛争やテロリズムといった極端に走るのも、ナチズムや共産主義イデオロギーが結局は歴史のなかで崩壊していったことと理由を異にするものではない。ファナティックな人間の心理は、急激に膨れ上がるが収束もまた時間の問題だ。そして人類の歴史に後悔だけを残して消えていく。

ところが壊れやすく危うい存在に対して配慮し、これを解する心をもつ者は、自然も人生も人の世も静かに見つめることができる。そこに見えるすべての事象は、不憫(ふびん)でさえあるほどに儚くも移ろいやすい存在で、その本質は「あわれ」なものである。それゆえ、すべてのものがかぎりなく美しく愛おしい。

しかもそこで連動する総体は、人と人との関係性にとどまらず環境などについても同様で、たとえば生態系連鎖システムはその一例である。いかなる例外もなく、地球上のエコロジカルな連鎖システムも有限な存在で、一定の限りあるものであり人類の存在もその一つの部分系として自然に見ることができる。

人口増加や資源問題などに警鐘を鳴らした、かのローマクラブがいみじくも指摘しているように、人間の数は、すでに有限な地球でその収容容量を大きく超過していて、二一世紀前半に百億を突破すると予測されている。現在でも人口爆発はきわめて深刻な事態に至っていることがわかる。地球上の隅々で貧困をもたらし、難民をつくり、そして現実に多くの生命の終焉をもって証明されているのである。

他方、テクノロジーの発達はさまざまな加工品を生み出し、大量生産のもとに多くの商品を全世界に流通させるようになった。かつては想像すらできなかった加工食品や医薬品、輸送機器、電子製品がこともなく現代人の生活に流入してくる一方で、地域によっては食糧不足による生命の危機が同時進行しているのである。

この事実をただ憂うばかりでなく、現状を冷徹に見つめるのなら、現代文明は知に働きすぎたのであろう。しかもその知は、あまりにもテクノロジーに偏った知だったのではないのか。

一方、わが国の歴史を見てみると、因襲や従来からの価値観にとらわれることなく「もののあわれ」の観点で時代を切り拓いた人物に織田信長がいる。逆説的と思われるかもしれないが、信長は「もののあわれ」の心をもち、事実を静かにしかも冷徹に観照し生きていくことを相当に高度なレベルで実行した人間である。おそらく多くの人は信長には「もののあわれ」はふさわしくないと言うだろう。しかし本当にそうなのであろうか。

日本がいま、侵略されることもなく現在に至っているのを歴史的に考えてゆくと、足利幕府末期の混乱から信長が成し遂げた「天下布武（武力による日本の統一）」がある。豊臣秀吉と徳川家康はただ信長の事業を継承し、その志を完了させたに過ぎないと私は思う。一生の志を、人に恨まれ誤解されることを恐れず敢行した信長の存在なしには、いまの日本を語ることはできないであろう。

当時、守護大名や一向宗の寺院といった権威たちの「名実の乖離」と戦った信長は、事実だけを冷徹に観察していた。そして人に恨まれ誤解されることを恐れずに、それらの伝統的な価値をことごとく焼き払うことをよしとして行った信長の心の底には、おそらく「もののあわれ」の深い情感と、後世に対する貢献心があったのではないか。

日本人の心

「貢献心は本能だ」ということに気づいたのは、私が奇しくも東洋の、とりわけ日本に育ったことに関係していると考えている。

人生や自然のもつ「限りの宿命」を解するには、強い心の働きが不可欠である。人間はもっとも身近な死という現実でさえ、あるがままに見つめようとしないで「神に召される」

とか「天国へ逝く」というように美化して考えがちだ。他方、無秩序な開発を地球上で行えば、宇宙にコロニーをつくるというように、これもまた安易な科学万能主義の誘惑にも駆られやすい。

しかし「神に召された」からといって死を免れられるわけではなく、宇宙に想いを馳せたからといって、地球の有限性や人類の生命の限界を免れられるものでもない。現実はひたすら限りある存在として、私たちの目の前でそれぞれの終焉に向かって移ろっていく。私はこのような、「もののあわれ」の感覚のなかで貢献心を直観したのである。

これからの時代に必要なことは、「神」や「宇宙」に想いを託すことではなく、限りある宿命の見方に立って、自分や他人、そして人類、地球上のありとあらゆる存在を正面から見据えることなのだ。一方、「もののあわれ」という心の働きは、弱々しい感性のように見えるが、けっしてそうではない。実はパスカルのいう「考える葦」のようなしなやかな強さを秘めており、繊細な感性と強さに裏うちされたものなのである。そしてまず物事を客観的に観察することから、私たちは限りのある事実に向かい合うことをはじめたい。

人類、自然、地球、これらは常ならぬ存在ではありながら、人間の意志だけではどうしようもできないものである。すべてが壊れやすいがゆえに、限りなく不憫で美しく、また愛おしい心情が溢れる。「限りあるもの」に抱くこのような「もののあわれ」の情感と共に貢献心が込み上げてくる。日本人として生まれ育った私は、「もののあわれ」の感性を研ぎ澄まし、これからの時代を考えるからこそ「貢献心が本能である」という信念をもって人間や社会、世界を考え、そして人生に前向きに生きていくことのできる視点を確立したい。

邂逅と謝念

私は人が好きである。肩書など問題ではない。どんな人との出会いにも先入観なく立ち入り、また常に新しい人格に接するのがたまらなく好きなのである。それは私の本能に近い。

人が一生のうちに出会える他人の数は無限ではない。私にとって出会いには限りない喜びが秘められていることに気づかされる。またそこに隠された喜びを実感することが私の人生にとっての一大事であり、他方、出会いがそのようなものであるからこそ、私はその際に深い感謝の念（謝念）を抱くのでもある。

出会いに際して相手の言葉に傷つけられたと思う人がいるかもしれない。また出会う相手の欠点ばかりが目立ってしまい、次の出会いに期待する気持ちそのものを否定してしまう人がいるかもしれない。しかし私にとって出会いとは、相手の長所のみならず、欠点や経験不足があってもなお、余りある喜びなのだ。

たとえば何でもない、ごくあたり前な出会いでいい。言葉も交わさずに、行きずりの見知らぬお年寄りと交わした会釈から、胸いっぱいにこみ上げてくる説明しがたい感情に襲われることが、きっと誰にもあるはずだ。

他方、話せる機会に恵まれた時は、それがどんな場合であっても、できるだけ私は相手の言葉に耳を傾けるように努力する。そしてしばしば相手のふとした言葉から、大きな想像力が喚起されることがある。思いもしなかった言葉の断片から、いままでは形にならなかったイメージが具体的に感じられるようになることがあるのも、出会う相手がいるからである。だからこそ出会いには、人生そのものの醍醐味があって、そこでは不思議な何かが授けられるようになると思われる。それゆえまた、出会った相手にこだわりなく接し、言葉についてもすべてを汲み取ることができたらと私は思っているのである。

出会いには、おそらく経験でしか判断することができない何ものかが介在している。もしもそんな機会を通して感動することを知れば、人は誰とでも、先入観なく出会えるのかもしれない。

そんな人と人との出会いについて、亀井勝一郎は、邂逅の意味を「歴史と現実社会と個人との血縁を結ぶ場」とまで言い切った。また彼が歴史について、「過去の事件と人物に関するいかに詳細な知識をもっていても、それだけで歴史を知ったとは言えない。歴史とは人生の膨大な量である。その任意の人物と邂逅し、彼を師として友として、生身の人のごとくに感じるに至って、歴史ははじめて生きものとなってくる。そういう歴史は生命と生命が触れ合う場である。見知らぬ祖先に出会って、生命を汲むのである」（亀井勝一郎著『愛の無常について』講談社刊　一九七一年）と述べているのは興味深い。

私がここで「邂逅と謝念」について述べたのは、貢献心は他者との出会いの場ではじめて発揮され、一方、それが本能だといった認識もまた、そんな出会いを通じて幾度となく検証されてきたからである。そして人間に貢献心がある以上、自ら出会いの瞬間に感謝の念が湧き出てくるもので、その感動を水路へ導けば、貢献心はそこから水のように流れはじめるはずである。

忍ぶ恋

横浜の中華街大通りを善隣門に向かって左に折れ、奥まったところに指定の店はあった。木製の縁（ふち）に、玉（ぎょく）をしたためた昇り龍の浮き彫りをしつらえた開き戸を抜けると、見かけより店内は広かった。奥に大きな円卓がいくつか並べられていて、それらは童子が瑟（しつ）をかつぐ絵屏風で仕切られている。

宴もたけなわとなってしばらくすると、私は横の円卓に、別の一団が座ったのに気づいた。しかも以降、屏風の陰に見える黒いショールのご婦人が気にかかって仕方がないのである。私は中国茶を啜りながら、なんとなしに視線をその婦人に移した。そしてふと、あることに気がついたのであった。

それは、私の席に薄っすらと漂いはじめた香りが、おそらくはあの婦人のショールからのものであること、そしてまた、ショールの上に揺れる銀のイヤリングが右側一方だけにしかないことである。イヤリングについては、当人も、取り巻く一団も気づいていないようである。

あえかな移香（うつりが）はウイキョウの香りに似ていたが、離れているため芳（かぐわ）しくはない。左の耳のイヤリングの行方はわからないが、もしかすると円卓のうえか床に落ちているのかもしれない、などとあてどもなく私は考えを巡らせていた。すると間もなく、婦人の椅子の足もとに、小さく光っているものを発見した。

銀のイヤリングである。当然、席を立って知らせるべきものである。ところが、なぜか私には、それができなかった。誰にも言わずに躊躇していると、彼女自身がそれに気づいて、椅子に座ったまま拾い上げようとしていた。私が立ち上がり、拾い上げることもできた。いや、むしろご婦人に対してそうするべきではないかとも思った。しかし、なぜかそのとき席を立つことができなかったのである。

ご婦人はそっと指先を床に伸ばした。あまり近い距離ではなかったが、針葉樹のような五本の指が銀のイヤリングに向かい、涼しげに騒（ざわ）めいたのを私は見た。白く細い指の手には、ほの青い文目（あやめ）が浮かんでいて、まっすぐに伸ばした中指が弓なりに湾曲し、爪がその先で真珠色に光った。

私の胸のうちには、けっして打ち明けず、また獲得しようともしない恋を忍ぶ思いがあった。

第三章　虚無感からの脱出

人間が痛みや死のニヒリズムから
解放されたときに見えてくるもののなかで
際立って自然な貢献心がある

後世に対する期待と敬意

ここでは私が「貢献心は本能だ」と考えるまでに通過した「無常観」や「使命感」といった観念が、どのような経緯で貢献心と結びついたかを、私の半生を通じて時系列で辿ってみたい。

友人の兄の死で遭遇した哲学的な出来事をとおして、私は何か世の無常のようなものを感じながら学生生活を送っていた。しかし当時は、まだ目にははっきりとは見えなかったものの、使命感の背景に他人に尽くすことへの力強い歓びがあることについても、気づきつつあった。しかしそれが本能からの貢献心であることを悟るまでには、さらに一〇年ほどの歳月を要した。その頃の私にとって「貢献心は本能だ」といった考え方は「在って見えないもの」という存在だった。

そのため青年時代の私は、他人に尽くすことへの歓びが、おそらく自分に固有の感情であって、人間の本質といった一般論では語ることはできないものと考えていた。また一方で、人に尽くしたいという欲求が、どこから生まれてくるものなのか見極められないもどかしさを感じていた。いわば薄ら氷（うすらひ）のうえから湖中の魚を探るような、どうにも落ちつかない思いがあった。

いずれにしろ、中学生だった私にとってあの哲学的な出来事との出会いは、同世代が抱く以上の興味を人間そのものに向かわせることになっていた。その後、学習で生の終焉まで走りつめた友人の兄の話を聞いて、彼の心のあり様が次第に輪郭を現し、それがはじめて使命感という言葉のもとに結実するに及んで、「人は使命感を発揮していれば、死ぬまで前向きに生きられるのだ」と考えるようになった。

しかしそこには、ある大切な出会いがあった。それは二五歳の頃に偶然めぐり会った、たった一行の言葉である。それは「人は後世に対しては義務こそあれ権利はない。また前世に対しては権利こそあれ義務はない」という言葉だった。私はこの言葉を次のように読んだ。

私たちはさまざまな人たちに囲まれながら生活を営んでいる。社会を構成しているどの個人をとっても、そこには彼にとって妻や子ども、養っている親や会社の部下など、自分の意見により影響を及ぼされてしまう立場の人たちがいて、他方、目上の人たちや会社の上司、さらに恩人など、その人たちの意見で自分の生活に影響が及ぼされてしまう立場の人たちがいる。

このような関係にそくして言えば、その一行の言葉は「人は自分が影響を及ぼす相手に対しては義務こそあれ権利はない。また自分に影響を及ぼすような相手に対しては権利こそあれ義務はない」と読むことができる。そう読むことによって、自分が影響を及ぼす相手に対して、義務を履行するための使命感といった感覚が、私のなかでより色濃く感じられるようになった。

もしも自分が影響を及ぼす相手を、自分にとっての「後世」と呼ぶなら、その一行のくだりが私に教えてくれたことは、人には自分にとっての後世を守る使命があって、その使命の意識を支えるところに「使命感」が存在するということであった。私にとって使命感がはっきりと目に映った瞬間だった。

不思議なことに、そのような使命感に目覚めてみると、友人の兄の死以来ずっと抱いてきた無常観が、すっかり消滅していたのである。自分の生命を大切にするかのように、自分にとっての後世も大切にしなければならないといった感覚だけで、人生は十分に生きる価値があると思えるようになった。これが私の無常観からの脱却だったといえる。

しかもそこに私が感じた使命感は、たとえどんなに悪意を秘めた他者であっても、彼が私の影響下にある人であったら、惜しみなく守るという感覚までも含めて考えるものである。言い換えれば、そのような人たちにも惜しまない感覚だからこそ、使命感という言葉にふさわしい響きをもって、私の意識から力強く無常観を消滅させたのかもしれない。そしてこの感覚のもとで、私は毒杯を仰いだソクラテスの本意をも理解できたように思えたのである。

いずれにしろ私の使命感はささやかなものではあろうが、それは私に確かな幸福感をもたらしてくれた。どんな他者に対してであろうと惜しみなく払われる使命感は、人間の本質に近い本能ではないかという暗示を私に与えてくれた。しかしその本能に、貢献心という言葉を照らし合わせるのには、さらに時間を要することとなる。

貢献心の発見

さて当時、在って見えなかった貢献心が次第に見えはじめて輪郭を現すようになり、そのためさらに哲学への思いが切実なものになったのは、私の人生が三〇代の後半に差しかかった頃のことである。

その頃、私は医師から骨にできる病気を診断された。骨の病気といってもさまざまであるが、患部の異常を診断する医師の話を聞きながら、私は最初「骨髄がんかもしれないな」

と思った。しかしその二週間後に、検査の結果から病名が確定されるに及んで、それが「ジャイアント・シェル・ツゥーマ」というめずらしい病気であることを知らされた。

この病気は、骨の異常をもたらす原因により三段階に分類され、第一期では患部を切除することで根治するが、二期に至ると切除手術をしても再発する可能性があって、骨盤などに転移することもある。また、三期では切除しても転移を繰り返し、骨髄がんを併発する可能性もある、というものであった。

私は二期と診断され、切除手術がうまくいったこともあってか、以降は再発が危ぶまれることもない。しかし、当時は下肢の骨に軽い疼痛の兆しを感じ、そのわずかな痛みの感覚のもとに死を予感したものである。また、この病気は進行すると、大変にペインコントロールが難しいとされる病気でもあった。

骨髄にできるがんは、半年でモルヒネによる疼痛緩和が及ばなくなるほどの激痛をもたらすと、当時は言われていた。痛みの感覚のもとでは、人間はほとんど無力なものである。痛みは自分の痛みであって、他者は「わたし」の痛みのサインを知ることはできるが、同じ痛みを共有することはできない。完全に自己に固有のものであって、しかもそれに対して、自分から目を背けることはできないものである。

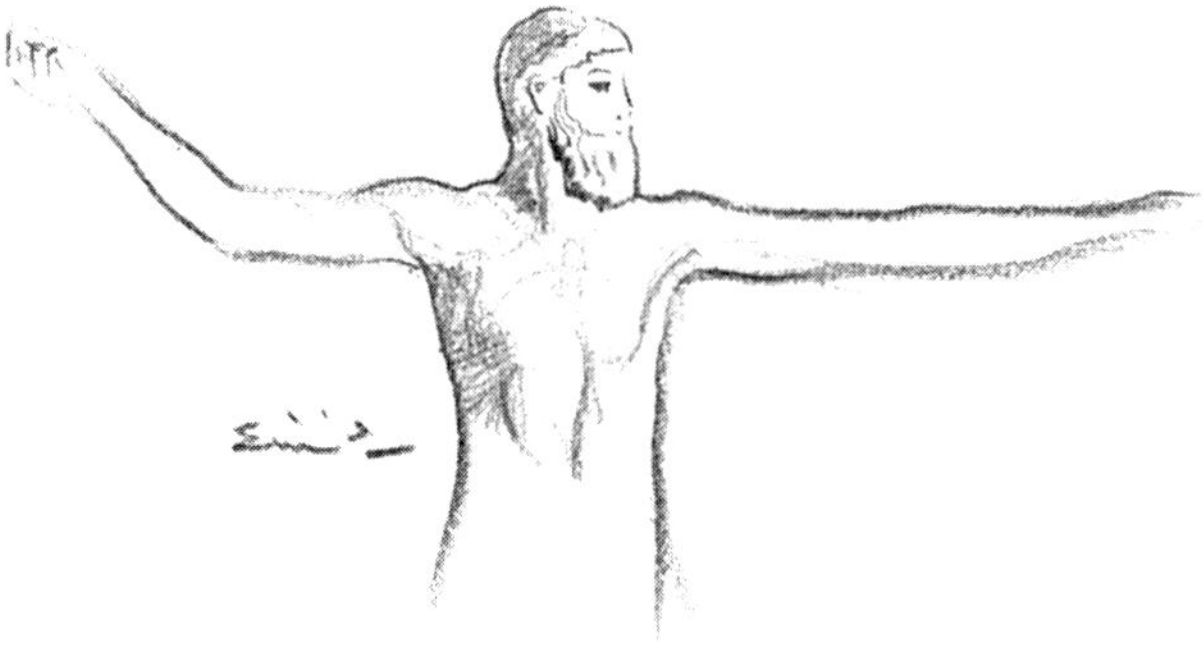

槍を原点に向ける

——アルテミシオンのポセイドンを
モチーフにして

突き詰めれば、これ以上は説明することのできない人間の原点に、アプリオリな貢献心の存在を見定める。真理を射止める瞬間の静かな視線をイメージして。

激しい痛みを自覚すること自体が、ある意味で自分の「現在」に対する挑戦であり、激痛はどんなに強い意志をも揺るがしかねない。そこには「わたし」にしかかかわることができない忍耐や自己抑制、また時には勇気、そして自分に対する寛容さや逆にこんな時だからこそ何かを行わなければならないといった切迫感もともない、本当の痛みを他者に理解してもらうことさえできない自分に苛立つしかなかった。

確定診断に至るまでの期間は、「使命感を発揮していれば死ぬまで前向きに生きられるかもしれない」といった確信がともすれば揺らぎかねない事態だった。そんな痛みが自分に訪れるかもしれないと考えたとき、たしかに私は背筋に戦慄のようなものを感じた。激痛のため、自分の生の哲学がねじ曲げられてしまうくらいなら「いっそピストルで縮めてしまいたい」とさえ追いつめられたことすらあった。

こんなさまざまな想いが吹き荒れるなか、死に直面した人の心の内側を、今度は自分自身をとおして垣間見ながら、私は、自分の死とその哲学との間で葛藤することにもなっていた。しかし幸い初期に適切な医療が受けられたこともあって、骨髄の病気の進行は止まり、本格的な痛みを回避することができた。

がんの告知にも似たこのような体験を通じて、それまでに見えなかった観念がはじめて見えてきたような気がしてならない。それは「使命感を発揮していれば死ぬまで前向きに生きられるかもしれない」という確信が揺らぎはじめた瞬間に訪れた。

そしてその時、自分に残された僅かな時間を、何はともあれ後世のために生かしたいといった思いに襲われた。それまでも、遠くに見えていた貢献心であったが、次第にその輪郭が現れ、私の意識の底で認識されたのだった。

さらに詳しく述べるなら、後世のために自分を生かしたいという感情は、当時、病床の私にもっともふさわしい方法で、自分の命を何かのために生かすことだったと言える。

そしてさまざまな想いがその際、かすかな音を立てて揺れたように思う。それまで私に訪れた出会いや言葉が、心のうちに透かして見えたように揺らぎ、自分にとって他者の存在が限りなく大切に感じられたものだ。つまり私自身が、さまざまな他人の思いやりに育まれて生きてきた記憶があり、その記憶が、意識のなかで貢献心という言葉にはじめて置き換えられたのであった。

その時である。私は病んだ自分の骨に感じる痛みの記録を、克明に記そうと決心したのだ。自分にしかわからない痛みの記録が、微力ながらいつか医療の進歩に役立つかもしれないと思ったのだろうか。いずれにしても使命感といった言葉の意味を超えたところで、その上けっして高邁ではない自然な気持ちのもとでなお、「自分を何かに生かしたい」と思ったのである。生命の最期に、とにかく誰かのためになることをしておきたいという抑えようもない情熱が、他のものよりも優先順位の高いものとして感じられた瞬間であった。

しかもこのような自然な欲求が、私においては、友人の兄の最期に見えた享楽への過程を経ず瞬時に訪れたのであった。そしてその時、私は少なからぬ歓びをある二つのことに感じていたように思う。一つは、病床にある自分でも人に尽くすことができる存在であることに気づいたことであり、もう一つはこのような事態においても他人に役立つことを行うことで、死の恐怖から解放されている自分を発見したことであった。

だがその後お会いした著名な日本画家で、東京芸術大学の学長をなさっていた平山郁夫画伯のご体験をうかがって、驚かされたことがあった。平山画伯は、原爆により白血病を発症されながら、ひどい倦怠感のなかで創作活動を続けられるご自身の苦しみを、三蔵法師になぞらえて「仏教伝来」という大作にまとめられた。平山画伯によれば、絵画とは「結局のところ技術で描くものではなく、何か自分を超えたものに描かされているのではないだろうか」と、ご著作『道遙か』（日本経済新聞社刊　一九九一年）で述べられている。画伯は、昭和三九年に、シルクロードを渡ってわが国へ向かう聖火の記事を読み、その時のインスピレーションによって仏教伝来をモチーフにした大作に思い至ったという。以降、そのモチーフによる作品を数多く発表なさっている。

私は平山画伯と親しくさせていただいているが、ますます精力的に活躍されている画伯の生き方に教えられるところは、実に多い。自己の存在に意味を実感し、目の前にある現実の生に充足感を抱くことができるようになると、人間は危機的な状況でも充足して前向きに生きられるようになるのである。平山画伯にとっては、それはご自身の芸術性を深めることにあったのであろう。

我田引水になるが、画伯にあっては、芸術に対する貢献心と使命感があったのではないか。芸術に対する貢献心といった抑えがたい意識が使命感をもたらし、そこから自然に沸き立つ芸術家としての満足感が、病気をも駆逐するほど強かったのではなかろうか。

アプリオリ(先験的)な貢献心

進行がんなど、死を予測させる重篤な病気にかかった患者の心に起こる問題は、それが生命の終末についての重大な事態であるだけに、患者本人にとってはある意味で妥協の余地はない。病床の私にも訪れた、その妥協の余地のない緊張感が、使命感の背後に、そのもととなる本能があるのかもしれないといった啓示をもたらし、またそれを転機に、私に貢献心をイメージさせてくれることになったのである。しかもそれは、人間が関与して起きる世界の出来事の少なからずが、「貢献を目指す心のあり方は、本能によるものかもしれない」といった推定によって解き明かせそうな、確かな手応えを私にもたらせてくれた。

また、それはがんなど重篤な病気に限ったことではない。たとえば先頃、朝鮮半島の南北問題を和解へと転じてノーベル平和賞を受賞した金大中大統領（韓国）は朝鮮戦争のとき、敵軍に捕らえられ、処刑直前に人民軍のいっせい撤退によって九死に一生を得た。当時を回顧して金大統領が「せっかく拾った命なら、わが民族のために役立てたいと思った」と語っているのは大変に印象的である。それは、死の危機のなかで得た使命感で、本能による貢献心として自然に生じる心の働きだったと私は思う。

それは多くのインスピレーションが、理由を伴わず突然湧くようにして、正しい結果だけを教えてくれることにも似ている。また難解な幾何学上の問題が、的確な補助線によってあっという間に解かれることにも似ていた。それほど確かな手応えで、すべての辻褄が私の頭の中でピタリと一致したわけだ。しかも貢献を目指す心の動きを本能と割り切った瞬間、人間社会に起こるさまざまな事柄が、首尾よく説明できたとの実感がその後、何度

沈思黙考

――アルカイク期の酒杯に描かれた
帆船をモチーフにして

感覚も肉体も皮膚を超えては一歩も外に出られない。思索だけが真理へ向かう帆船のようにゆっくりと自己を超え、たった一つの解答へと私を誘（いざな）う。

も私に訪れた。

人間が死のニヒリズムから解放された時に見えてくる心の内側に、自然な本能の一つがあるならば、きっと「他者に対して自分を生かしたい」とする気持ちが浮き出してくる。しかも、自分の死を賭せるような使命感があるのなら、そこにもまた「貢献心は本能だ」と感じている自然な気持ちがあるはずだ。

他方、もしも全ての人たちに貢献心があるとするならば、他人との争いなど起こるはずはない、といった反問が挙がるかもしれない。なぜなら貢献心とは、他人に尽くしたいと思う本能であるからだ。しかし貢献心が本能から発する欲求であるかぎり、この疑問についてもまた「無くて見えないもの」と「在って見えないもの」といった原則が、公理のように見えてくる。それは次の理由からである。

あらゆる人間において、使命感が常に享楽への本能にまさっているかというと、必ずしもそうではない。誰もがソクラテスのようになれるわけではなく、また誰もが学習で死の淵まで走りつめた友人の兄のようになれるわけではない。ただ使命感で走り続ける人であっても、享楽で走り続ける人であっても、無視できない共通項が両者の「見えない心の内側」で確実に息づいているということに注目すべきである。つまり使命感とは、それを行使しない人にとって、無くて見えないから行使できないものではなく、在ってもなかなか見えないものであるため、現実には行使しにくいことがあるということなのだ。

貢献心についても同じことがいえる。貢献心を本能と仮定するかぎり、その欲求はアプリオリ（先験的）な存在であることを前提としている。ところが他のなんらかの力動にその本能が歪められてしまったとき、そこには激しい心理的葛藤やフラストレーションが生まれ、しばしば「貢献」への志向とはまったく正反対に見える精神的なエネルギーが現れないともかぎらない。しかしそんな人においても、貢献心とは心の奥に渦巻く本能であって、彼にはそれが無いから見えないのではなく、在ってもなかなか見えないものとなっているから現れないのだ。

さらに貢献心から他者に尽くそうとしたとき、その本当の動機は貢献の対象に感じるような「他者のため」にあるのではない。たとえそれらがきっかけの一つになっていたとしても、まず最初に他者に尽くしたいと思う自分の欲求があるはずだ。つまり他者に尽くそうとする人は、「自分ごと」として貢献心を発揮しようとする。貢献心は「自己犠牲」からのものではなく、むしろ本能からの「自己主張」に近い。

本来、社会的な存在である人間の、その本能に歩み寄る新しい視点でもって、さまざまな局面で発動される貢献心について改めて考えてみることは、個人の内面のみならず社会的な問題をも一定の見地からクローズアップすることにつながる。そしてそのとき貢献心は個人においても、また混迷を深める人間社会や共同体の問題を解き明かすうえでも、思惟する人々が理性で描く「補助線」の役割を果たせるはずだ。

ボランティアと貢献心

近年、ボランティアの報道がかまびすしい。ところが、どんな領域をボランティアと呼べばよいのかといった定義については、明確にされていない。

読売新聞では、次の記事を掲載して、ボランティアと私事（わたくしごと）との境界線を探ろうとしている。

「自宅で自分の親の面倒をみることをボランティアと言う人はいない。お隣のおばあちゃんに声をかけること、どこかの施設で初対面の方の介護をすること……。ボランティアの境界線は引きにくい。／自然保護では、自宅周辺で起きる足元のテーマと、全国的な規模で話題になる大きなテーマ、これらにも境界線を引くのは難しい。／自分の街にかかわる足元の活動は、確かにボランティア活動ではあるけれど、自分の親の面倒をみるのと同じようなもの。身近かな自然は誰かに守ってもらうのではなく、自分たちで取り組まなくてははじまらない。／自分の街を愛し、自分の街らしさを知っている人は、ボランティアという形や名称にとらわれず、自然体で街づくりにかかわっている。／ただし、米国でニンビィ（NIMBY＝Not in my back yard＝私の庭に迷惑な話しをもってこないで）の主張は、自然保護と一見似ていても、ただのエゴイズムとなってしまうことにもなりかねない」（平成一一年一一月一〇日）。

この記事は、多くの人々がボランティアを明快に定義できないまま、それに携わっていることをよく表している。つまり私たちには普段、どこからがボランティアで、どこからが自分の領域かといった境界線がなかなか見えてこない。たとえば自分の街を守る行為は一方でボランティアだが、他方でエゴイズムにつながるようなこともある。貢献心からのはずだったボランティアが、たちまち自分勝手なエゴイズムに変わることも少なくない。またそれが実情のようにも思える。

このようにボランティアの定義について境界線を引くことは難しい。そこで、この記事を検証しながら、ボランティアとエゴイズムとの区分けを明確にしておきたい。

最初に「自分の親の面倒をみることはボランティアとは誰も言わない」という論点があ

る。それはボランティアの対象が、自分の親族には当てはまらないという意味だ。「お隣のおばあちゃんに声をかけること」はどうかと言うと、彼女は親族ではないからその行為はボランティアの対象となるということかもしれない。しかし、お隣に住むお年寄りをボランティアの対象とするには、あまりにも身近すぎると思う人もいるだろう。また「声をかける」といった行為だけでボランティアと呼べるのか、といった疑問も生じる。

私は誰かれを問わず、お年寄りに優しい声をかけることは大切な貢献の心だと思う。何気ない日常の思いやりこそ、お年寄りの心を活き活きと和ませてくれるからだ。具体的な介護も、心がこもっていなければお年寄りの心と体はいつまでも癒されない。したがって、親族でないお隣のお年寄りに声をかけることも、私にはれっきとしたボランティアとして映るのである。

一方、ここに言われているボランティアの志は、本来のボランティアとしては必ずしもふさわしくないのではないか、と指摘する人もいよう。しかし、介護施設でお年寄りの介助をするとなると誰しもそこに明確なボランティアをイメージすることもある。これはなぜなのだろうか。

それは介護施設のお年寄りはお隣に住むお年寄りより、ずっと自分から遠い存在だからだ。他人のためといった視点が、ボランティア本来の精神から浮かび上がるのであり、そのような対象こそが、私たちが抱くボランティアのイメージにふさわしいもののように感ずるためだ。また介護という具体的な行為も、同様なイメージに関連していて、「声をかける」のは誰でもできそうな生活の習慣といった領域にあり、一方「介助」となるとそうはいかない。これらにはボランティアに抱く私たちの「既成概念」があって、そこでは自分との距離が遠い人に対して行われる行為が、奉仕の呼び名にふさわしいかといったことが問題となってくる。

このように自分からの距離、対象への作業・行為の内容を辿っていったその先に、ボランティアの本来の姿が見えてくる。それにはお年寄りや障害者など弱者介護から、災害救助や食糧援助、またさまざまなフィランソロピ（社会貢献）や地球自然保護などにわたる活動が含まれている。

記事では「自宅周辺で起こる足元のテーマと、全国的な規模で話題になる大きなテーマ。これらに境界線を引くのは難しい」と述べ、さらに「自分の街にかかわる足元の活動は、確かにボランティア活動ではあるけれど、自分の親の面倒をみるのと同じようなもの」とかなり手厳しい。

しかし「街」とは個人のためにだけあるものではない、と仮定することでこの問題は新しい解決への方向を見いだせる。なぜなら街は「自分たちの街」と見ると自分のものとなり、また「他人の街・みんなの街」と見ると自分との距離がある程度離れ、自分の街の足元の活動ではあっても、それはおそらくボランティアと呼べることになろう。

そうだとすれば、地域の特殊性に強く根ざしたものでも、ボランティアを行う人たちにとっては「自分ごと」だけではないはずだ。言い換えれば、自分だけの街ではなく、といってその地域以外に住む人たちのものでもない。いわば地域社会の最小単位がそこにあるのであって、それだけに外目には住民だけのものとなりがちになる。ところが、このように小さな単位で考える「自分たち」は、個々の自分を超えた意識から生まれてくる点に留意しなければならない。たくさんの他人を自分たちの仲間に組み込んだり、ときにはごく少数の自分たちを差し置いて、より多くの「他人のため」を「自分ごと」として考えなければならないことも地域の活動にはあるはずだ。

つまり「自分たちの街」や「自分たちの社会」のために、やはり街や社会に向けて自然な本能としての貢献心の発揮が要請されているのだ。そこには、自分の親や兄弟、親族への配慮などごく限られた小グループを超えた拡がりがなければならない。おそらくここにこそ、もっとも注目しなければならないボランティアの原点が潜んでいるのではないか。

いずれにしろ街のような公共の場をどのような角度と拡がりで見るかによって、「自分たちの街づくり」という発想は、ボランティアとしてのイメージを違（たが）える。ところが「自然体の貢献」をしている人たち、つまり「本能としての貢献心」や「第五の人生モードとしての貢献心」という尺度で考えようとしている人たちにとっては、街への想いが本来のボランティアへの出発点であり、また他人に尽くす自然な活動にもなる、というのが私の意見である。それが本能からの欲求であるかぎり、「自分ごと」となるのも当然で、だからと言ってそれを「自分勝手」と考えることはできない。

フィランソロピ

近年、急速に拡がりつつあるNPOやNGOの貢献活動の内容を総称するのが「フィランソロピ」である。フィランソロピは日本では「社会貢献」と訳されているが、本来は「人間愛」や「人類愛」という意味で、「人間＝アンスロプ」と「愛する＝フィル」との合成語と言われている。

確かに愛は貢献の母であり、その表現の一つが貢献活動であろう。しかし愛にもさまざまある。たとえば「慈しみ」も愛の一つで、「慈愛」となるとさらに自己を抑えた愛となる。そして慈愛から湧き出す貢献心は、慈善活動という具体的な貢献を生む。

他方、「憐れみ」や「憐憫」は同情の一種であり、これもまた貢献心に大きな動機を与え、慈善活動にたやすく結びつく。

一般に貢献活動を「愛」からのものや「憐れみ」からのものなどと区別することはない。ただし、ともするとこの「憐れみ」や「憐憫」、「同情」といった感情には、上から下を見下ろすような視線があり、ときに「自尊心」や「虚栄心」とのすり替えが起きる。しかもこれらは現実的には、慈善活動の大きな動機にもなっているのであるが、そこから出た慈善活動はもともと「貢献心」からのものではない。なぜなら、自尊心や虚栄心は「自分に向ける自分の心」であり、「他人に向ける自分の心」といった本来の「貢献心」と正反対だからである。

このように考えると、救助や介護や寄付など表面的には同じような慈善活動に見えて、実はさまざまなモードがあることに気づく。しかし受け手の幸せにつながっているかぎり、全ての慈善活動が社会的なものとなることは認められる事実であろう。

場合によっては、実際的な効力という視点で、慈愛からの慈善活動よりも自尊心や虚栄心からの慈善活動の方が拡がりが大きくインパクトが強い場合さえ多い。たとえば慈善活動をしたという自分を誇示するために巨額な寄付をする人も出てくる。

つまり慈善活動は心の出処いかんを問わず結果的には有効なのである。この効果の点からいっても、善いことであるかぎり、慈善活動に結びつく自尊心や虚栄心も社会的には貢献の役割を担う。他方、あまり憐れみを受けると人は心を傷つけられるといった配慮も必要で、そのような慈善活動は、貢献と言えてももはや貢献心からは遠ざかることになりかねないであろう。

与える歓びは本来、本能的なものだ。つまり、すべての慈善活動は基本的には自然な気持ちから出てくるものである。慈善活動の受け手が心の底から喜んでくれるには、やはりそれが愛に基づいたものであるということが必要ではないか。しかも愛に基づいた貢献への素朴な欲求が、他人に向けられた自分の心からのものである場合、それは貢献心という本能からのものと言えよう。

人の心は、さまざまな情念の複合体である。慈愛だけでも憐れみだけでもなく、また単なる自尊心や虚栄心だけでもない。それぞれの情念は微妙に絡み合っているのが人間本来の姿なのではないか。しかし自尊心や虚栄心というような「自分に対する想い」にとどまっているかぎり、「他人に対する自分の想い」が自分のためになるという貢献心のもつ不思議な力は発揮されないのである。

貢献心における東洋と西洋の文化的違い

本能といった自然の因果律に含まれる能力について、主に東西の認識の差異に基づき、私なりに考えてみたい。

端的に述べるならキリスト教に立脚する西洋では、人々は神の僕（しもべ）である。他者に尽くす精神についてもまた同様で、神の心やその意志にかなうことこそ究極の貢献と考えられている。他方、そこでは人が抱くすべての貢献心は、神に対する貢献心にきわめて近いとされていて、人間にとってそれは崇高なものと位置づけられてきた。そういう文化を背景にしているから、自発的で意志的な貢献であるボランティア活動が学校教育の教科にもなっているのである。

一方、西洋における自然の因果律の世界は、すべての自然科学の領域で考えられるものである。たとえば人間の本能は、そこでは心質的とは考えられず、すべて体質的なものとして理解されている。また心や精神のメカニズムであっても脳の機能や内分泌の作用として解明されていく特徴がある。そのため西洋では自然科学の因果論と神の目的論が、しばしば衝突してきた歴史がある。進化論などはその代表的な例で、この学説と神の目的論が和解したのは、二〇世紀も押し迫ったつい先ごろの話である。しかもいまだに残されている問題も少なくはない。

さて、現代産業の根幹を支えるテクノロジーは、少なくともこれまでは神に仕える僕(しもべ)として、人間が物質的な自然の因果論である自然科学を手段として発展させてきた。つまりそれは合目的な行為だったと言えよう。また、私が携わってきたビジネスやマーケティングも「神の見えざる手」によって西洋的な目的論との絆を保ちつつ開花した人間の営みと言える。

他方、日本や韓国、中国、インドなどの東洋の思想の底流に流れる仏教文化では、目的論ではなく因果論が主となると私は考えている。つまり「因果応報」の因果律に人間の合目的行為が包含され、制御されている。そこではたとえば、すべての自然物には心や精神が宿り、自然物=神様というアニミズム的な色彩が色濃く映し出される。西洋のように物質と現象、心と精神を二元論で説明、理解するといった伝統は東洋にはもともとなかったのだ。

したがって西洋では「本能」を生理的欲求、つまり体質的本能に限って考えるのに対して、日本や東洋では貢献心も「本能」に組み入れ、理解するのは自然な考え方なのである。このような理由から、私なりに東西の違いを考慮して「体質的本能」と「心質的本能」に分けて後者を貢献心のありかとしたのである。

がんと紫陽花

局部麻酔は効かないのかと思うほど、金属チューブが骨膜を突き破る瞬間が痛かった。患部の一部摘出で、テストピースとして取り出された膝の骨の一部は、すぐに病理検査へと回された。

肉離れと思っていた膝の異常が、骨の病気であると診断されたのは、昭和五一年の初夏である。リューマチの専門医は、他の医師とともにシャーカステンに膝の骨のレントゲン写真を映したまま、「一応、入院した方がいいでしょう」とだけ努めて陽気に語り、それ以上はもう何も言わなかった。張り詰めていた緊張が、昼の明るい日差しのなかで、一瞬にして萎（な）えたような気がした。

病院を出ると、初夏の日差しに照りつけられた歩道が息苦しいほど蒸しかえす。街の雑多な様子も車の騒音も、ただ暑さを助長するものにしか過ぎなかった。私は異常が診断された膝をかばいながら、ゆっくりと、しかし、行く先の目標だけははっきりと意識しながら歩いていた。骨のがんについての医療を調べるため、本屋へ向かっていたのだ。

街なかの小さな公園を通ったとき、欅（けやき）の木を取り囲むように紫陽花（あじさい）が並んでいるのを見た。花はすでに色合いを失い、しかし僅かに青い色彩を細かい花びらに残しながら枯れていた。誰もいない砂場には、そこかしこに木漏れ日が豹の模様のような影を落としている。

見なれた公園の光景であったが、一つひとつに目を移しながら、再び私は紫陽花の萎（しお）れた花に目をやった。私自身も、この花のように萎れてしまうような予感がしていたのだ。太陽の眩しさがどうにも苦痛で、できればその輝きから身を隠して、欅の大樹の影でしばらくしなだれていたいとも思った。

しかし、複数の従業員を抱えながら、現実をないがしろにすることはできない。もし骨の異常ががんであるとしたら、半年でペインコントロールは効かなくなるはずだ。それまでの期間にしておかなければならないことは少なくない。私は本屋で骨のがんに関する本を買い漁り、そのまま会社に向かって、各部門の幹部を集めた。

会議中も「いつか痛みに我慢できないようになったら、自爆すればいい」と自分に言い聞かせながら話をしていたような気がする。しかしそのとき、死を意識することのない普段であれば、考えられない心境にある自分に気づいてハッとした。

いつもなら、これから手をつけなければならない仕事や、現実に直面している仕事などに対しては、失敗の可能性が頭を過（よぎ）るものである。しかし、その時はどちらかといえばきわめて楽観的な感情のもとにあり、「もし私ががんでなかったら、あれができる」、また、「もしもう一〇年生きられれば、先代が開発を計画して買い集めた土地だって、素晴らしく開発できる」などと考えていて、失敗の可能性が頭を過ることなど微塵もなかったのであった。

第四章　義務感からの飛翔

削いで削いで
もはや削ぎ落とすことのできない人間の原点に
貢献心の存在が見えてくる

本能の自己実現とボランティア活動

P・F・ドラッカーは論文集『P・F・ドラッカー経営論集』(上田惇生訳　ダイヤモンド社刊　一九九八年)で、「二一世紀の成長分野は非営利組織(NPO)」であると指摘している。非営利組織のなかでもとくに「非政府組織(NGO)の成長が二一世紀の特性」と述べていて、現実にこれらのボランティア活動が世界的に拡大している兆しが見られる。

他方、これらのボランティアが大きな勢力になったために、表面化しはじめた問題も少なくない。増大するボランティア人口を背景に、政治や国際社会のあり方を批判するような勢力も報告されていて、考えなければならない問題が少なからず含まれている。

問題は、政治や経済を正当に批判することではない。また私はボランティア活動が拡大していることを杞憂しているのでもない。しかし拡大するボランティアの活動が「数は力なり」といった考え方のもとで、だから「いかなる貢献も美徳である」として、彼らの活動にとって障害となる対象をことごとく批判しはじめるのであれば、それは逆に「価値観の押しつけ」である。ボランティア活動を善意からの行動として美徳と考えてきた従来の哲学のもとでは、このような「価値観の押しつけ」を抑制する理論的な基準さえ見いだすことはできないであろう。拡大するボランティアの「数は力なり」あるいは「貢献は美徳なり」といった考え方を改めて考え直す新たな尺度が、いま必要とされているのではないか。

一方、「貢献心は本能だ」とした考えを補助線としてこの問題をみた場合、貢献はけっして「美徳」にはなりえない。この考え方のもとでは、あらゆるボランティア活動が根本的な部分で「自分のため」と割り切って考えられているためだ。つまりすべてのボランティア活動は相手に向かう行動ではあるが、ただひたすら自分の本能に基づいた行為であって自己の価値観に主体的に基づいていることを忘れてはならない。

そればかりか、いくつかのボランティア活動の主体が、国際社会の問題や現状を批判してはいるが、なかには的外れなものも少なくはない。私に言わせればあらゆるボランティア活動が「本能だ」という意味で「自分のため」と割り切れるくらいの認識がないかぎり、多くの貢献活動は結局は今ある矛盾のなかで崩壊するだろう。少なくとも今までの哲学だけで解決しようとするとそうなってしまう可能性がある。

また、たとえばNGOなどのボランティア活動に「地域の特殊性が無視された活動」といった批判の声が挙がった結果、活動の統制力が失われてしまうという問題が表面化していることを考えていくうえでも、「貢献心は本能である」といった考え方が問題の本質を解きほぐす糸口を与えてくれるであろう。

貢献心からの奉仕者は、その行動を通して「地域の特殊性」などを考慮する前に、行動することで「相手に尽くしたい」という本能を満足させてしまう。なぜなら相手が望むことを考慮する以前に、奉仕行動の動機は本人の本能のうちにあるからである。

反対に、重大な危機に瀕して緊急の事態におかれている奉仕の受け手にとっては、自分の必要性がその活動に考慮されているかどうかをまず第一に考えるだろう。そして奉仕の活動がその受け手にとって、必要性にかなっていないものである場合、そのような奉仕活動は無意味であるばかりか、受け手の生活にとってはマイナス要因にもなりかねない。また、ときに奉仕の行為そのものが奉仕者の「好意の押しつけ」としてイメージされてしまうような事態にもなりかねない。

ところが相手に対して貢献したいという欲求は、貢献心を発動している本人の一方的な本能から発するものである。そのため貢献心からの行為に、たとえば「地域の特殊性」が考慮されていないといった指摘がなされれば、貢献心を発動する本人が「貢献心は本能だ」という動機の正確な認識のもとで、謙虚にその指摘を受け止めることができるはずである。

あらゆるボランティアのケースを含めて貢献心は本能である、という認識をもちたい。さらに、奉仕活動に本能としての盲目的な側面が著しく露出してしまう事態を事前に回避できたらなおさらよい。この自覚をもっているかぎり、少なくとも他人の指摘を謙虚に受け止めることができ、しかも「価値観の押しつけ」は行為者の側から主体的に回避できることになる。言い換えれば、私たちは他者の指摘を謙虚に受け止めるだけの、正しい貢献心に目覚めていなければならないのだ。

貢献は権利か義務か

私は「貢献心は本能である」という考え方のもとで、貢献心に基づく行為はそれを行う者にとって、むしろ「権利」により近いものと考えている。なぜならそれは、健康であることが基本的人権であるように、本能を満たすことが人間にとって生存の基本的条件だからである。

同様な意味で、貢献心という権利に対する義務を抱く者を強いて探すなら、それは自分自身にならざるを得ない。なぜなら自らが健全な生の営みを続けることは天から授かった自分の生命への義務だからだ。いうなれば貢献心を発動しようとする権利は、自らの義務に対して生まれる権利であって、ここに権利と義務との関係は個人のうちで完結する。そして貢献心の場合には、その対象を示すベクトルが通常の場合の逆向きを示していることがめずらしくない。

たとえば、子どもには年老いた親を養う義務があると一般的には思われがちだが、「貢献心は本能」とする考え方のもとで、このベクトルはことごとく逆方向となる。つまり、子どもには親を養う権利があるのだ。なぜなら子どもにとって親に喜んでもらうことくらい嬉しいことはない。親の面倒をみることができれば他人からも誉められよう。そしてそのような喜びを享受するのは子どもの権利と考えられる。ここには相手にとって善いことをするのが「自分の特権」という今までにない不思議な発想法があるのだ。

通常、権利と義務は相互関係にある。権利があればそこに必ず義務が生じ、また義務があれば権利が生じる。ある事柄に対して権利がある人がいれば、同じことに対して義務をもつ人が必ず存在する。一方、ある個人が何かについて権利をもてば、それに対する義務をもつ他者が必然的に存在する。このように権利と義務は自己と他者の関係において考えられ、自己と他者の関係にはしばしば権利と義務の意識が付きまとう。

また義務感から行われる行為の相手には、その行為に対する権利の意識があるはずだ。

逆もまた同様で、ある行為が生じた場合に、その行為を行う者と行為の対象となる者とは、権利と義務で色分けされる。しかしこのように色分けできない行為が社会にまだある。それは相手のためと思って行われる自発的行為であって、自発的な行為を行う側に義務はなく、またその行為を受け取る側に権利も生じない。

すでに述べたとおり「貢献心は本能である」とする考え方のもとでは、これらすべての発想法と異なり、権利と義務の相互関係はしばしば逆方向になる。義務といった考え方が薄れ、一方、権利と見た方が自然な場合が多くなるのである。

父親と母親の後世への義務の意識

食欲や性欲などの体質的本能であれ、貢献心などの心質的本能であれ、さまざまな本能を考えるとき、程度の差こそあれ、それは男女に共通している。しかし、私たちは母性本能を女性に固有な本能と考えて、それを他の本能と区別して考えることもしばしばある。しかし親として子どもに抱く愛情は、父親のうちにもある。それでは父親が子どもに対して抱く愛情とはどのようなものなのだろうか。

母性愛という女性固有の体質的本能は、愛するもの同士間のみにしばしば限定され、両者の外側にいる人に向かっては冷淡にさえ映ることがある。母親が子どもに向ける愛は、それがひたむきであるがゆえに、かえってその気持ちが他の子どもに向けられる厳しさや没母性愛的な行為に代替されてしまうことがある。

一方、父親についても同様の傾向がないわけではないが、努めて彼らはそれを隠そうとする。むしろ父親は積極的に、自分の子どもに対しては厳しく躾(しつけ)ようとする側面をもつ。自分の子どもをけっしてひいき目に見ない態度が、日本の伝統的な子育て方法として、かつて父権の強い社会的なシステムのなかで引き継がれ、伝統的な父親の姿にも映し出されている。子どもに向けられる体質的な本能は、父親においてはこのように質的な変化を遂げ、徐々に使命感に近いものとなり、これが貢献心を子どもに目覚めさせることにつながっていく。

なぜこのような性別による差異が貢献心や母性愛において現れるのだろうか。女性は後世に対し、本能的にわが子を通して自らの世代の義務を果たそうとする性向が強く、他方で男性は後世に対して社会的な義務を果たそうとする性向が強くなっていると考えられないだろうか。女性が後世に果たそうとする義務の本能は母性愛といった体質的な要素が強いが、男性が子どもを通して後世に果たそうとする義務の意識は、むしろ使命感に近いものと言えるのではないか。

極論すれば男性は数千人の実の父親になれるが、これに対応する思考と実践の能力が生来備わっているのではないか、とさえ思われるほど後世に対する義務の意識は男女間で異なっている。これは父親と母親でどちらが優れているかといった問題ではなく、お互いが補完しあうように二つが一つのものとなって後世に尽くせばよいのだと私は考えている。ただしここでも母親においては母性愛が、父親においては使命感が、高い所から滴り落ちてくる水のように伝えられなければならない。

貢献心の対極に位置する偽善

私が嫌う唯一のものがあるとすれば、それは偽善である。しばしば偽善者は嘘をつくが、だから嘘が全部いけないものかといえば必ずしもそうとは言い切れないこともある。

たとえば身体の不調を偽って、任務を遂行する者を偽善者とは呼ばない。彼にとって自分の任務は遂行しなければならないことであって、自己の任務の必要性は身体の不調より優先順位が高いものなのである。つまり彼の心のなかで自己とは、責任を遂行する能力にあって、彼にとって責任が遂行できずにいることは自分の放棄に他ならない。

このように、身体の不調を偽って任務を遂行する者にとって自己とは、彼が行うべき任務を遂行する主体性や責任感といった観念のうちにあるものと思われる。彼の理性は、任務を遂行する自分に最高の優先順位を与え、最後にはその任務と自己とを一つのものとみなす。そのため任務を遂行できないところに彼にとっての自己はなく、またそれができてはじめて彼に自分の存在が見えてくる。このような行為の背景には、責任感に対する彼の姿勢が感じられ、その背景となる心理には「他者に迷惑をかけたくない」といった、これもまた本能にきわめて近い心質的な特徴が見えてくる。

これに対して、援助を必要とする相手の不幸に善意を装って近づき、自分の利益をもくろむ行為は卑劣であり、いわゆる偽善の多くはこういったものと考えられる。このような偽善者には「他者の存在」といった価値判断の基準はなく、あっても優先順位がきわめて低い位置におかれている。また彼の行為には、しばしば善を装い相手を陥れるような嘘がともなう。

第一章で述べたように、プラトンはイデアの究極にたった一つ「善のイデア」を定め、最終的に善が真理と一つのものとなることを示した。偽善とは、真理と一つのものとなる「善」を「偽る」ことで、人間としての真理や本質を軽んじる背徳的なものである。

葛藤

——アルカイク期のアンフォラに描かれたアキレウスとペンテシレイアをモチーフにして

自分のためだけに行為する者は、人間の尊厳をも放棄しかねない。それを主体的に戒めるホモ・コントリビューエンス的人間像に、社会の方向性を探りたい。

このような行為は、人間として許しがたい行為である。そもそも偽善者は、善を見ようともせず、それに背くことを畏（おそ）れず、しかも背いている自分自身をも偽っているのだ。それは人間のプライドを捨てることであって、自分だけではなく、他人の尊厳をもたやすく無視してしまう、もっとも次元の低い行為なのだ。

偽善にまつわる最悪のイメージとは、善をあえて無視して、それを畏れずに偽ることができるところにある。たとえば善のありかがまだ見えない年齢の子どもたちの場合ならば、自分のためにつく嘘を偽善と呼ぶことはできない。実は本当の偽善者になるには相当の知力が必要とされる。外見や頭のよさだけで人間を判断してはならない、とする常識の理由もここにある。

本能とともに貢献心があるように、虚言とともに偽善がある。問題は偽善者が他人に対して偽善的になれるばかりではなく、自己に対しても偽善的になることができることにある。彼らは自己に対しても偽善的でいられるので善を畏れることなく否定でき、人間の本質などは無視できるからである。

しかも、そこで発揮される見せかけだけの奉仕の精神が、偽善者本人であれば虚言に基づく「偽り」だけの精神とすっかりわかっているため、偽善者にとっては行為そのものが人間の本質的な部分において非現実であり、虚無的なものとならざるを得ないことを、彼らはあらかじめ知っているのである。

他方、私は虚無主義を自己中心主義のきわみと見ている。たとえば死に直面して虚無主義に傾倒してしまう人がいるが、彼らに欠けているものは、生命には必ず終わりがあるということを客観的に受け止めるだけの精神的な強さである。しかしそれも単純な強さではなく、むしろ「もののあわれ」のような深いしなやかな精神が欠けているのではないか。虚無主義は、他人に認めてもらえないという意識から、自分を一人だけの世界に籠もらせる。一見すると厭世的で、沈思黙考型の人格に見えないこともないが、彼らの内心では納まらない虚栄心や競争心といった自分中心の心情が渦巻いているのであろう。このような心の渦に巻き込まれた人間は、自分のためだけの行為に埋没していくのである。こうすることによって彼らは、自己を正当化しているとは言えないだろうか。

このように他者が介在しない自分だけの世界に暮らしている虚無主義者は、貢献心といった本能を発揮する機会を自ら逸してしまっているのである。そしてついには人間として自己の尊厳までも放棄しかねない人格として、私が嫌う偽善者に限りなく近づく。

私が中学生だった当時、友人の兄が死を目前に控え、この虚無主義から脱却し、学習をはじめた動機が何であったかを本当に知るのは難しい。しかし彼がそのような虚無主義から脱したところに、おそらく人間の本質に通じる哲学との出会いがあったのではないかと思う。つまり人間を虚無感から救う手段はあるはずだ。私はそれを貢献心といった本能や、また使命感といった観念との哲学的な出会いであると推察してもいる。

善悪の倫理と損得の勘定

人は善悪の判断に倫理的規範をもって対応し、また損得の評価に経済的基準をもって対応する。現実の世界では、善悪に義務の意識を感じながらも、損得に権利の意識を抱く。義務よりも自分の権利に傾くのは人の常で、倫理より経済が優先するのは現代社会の常と言えるのかもしれない。

こんな現代にあって、とくに倫理観が育っていない子どもには、親や学校の先生が「それはいけないことだ」と、いたずらに躾だけを振りかざすよりも、「いけないことは損なこと」と教えてあげるのも一つの方法かもしれない。あるいはそれほど倫理観を育てるのは難しいということなのかもしれない。

損得勘定を教えるのは比較的やさしい。善悪と損得という異なった価値観があることや、

天　秤

――『レオナルド・ダ・ヴィンチ素描集』（岩波書店）をモチーフにして

善悪の天秤はしばしば倫理を超えて損得の勘定で傾くことがある。そのメカニズムにも機微でありたい。

両者の関係を教えていくうえでも損得にまつわるわかりやすい例を引用しながら子どもたちに善悪の倫理観を教育していく過程が、ある期間には求められることになるのであろう。しかし善悪を教えずに、損得だけで判断することを奨励するような教育だけは、けっして行ってはならない。

多発する青少年の犯罪事件や荒廃する社会現象は、善い行いをする者や正直な者が損をして、悪い者が得をするといった風潮も起因しているように推察される。そうだとすると善人が得をして悪人が損をする社会にすることによって、それらの問題はある程度まで解決されていくように思われる。いずれにしろ教育機関で倫理観を育て、正しい経済観念を子どもたちに育ませる努力が不可欠である。

私は自分の目に損に映るようなことでもよしとして行い、そうすることで自分の暮らしや仕事、さらには自分の生き甲斐や人生勉強に役立てようとしている。そしてそれが、いずれ自分の損得勘定にもかなったものとして実感させてくれるのが「貢献心は本能だ」という考え方なのだ。この考え方を修得した人であれば、倫理観や損得勘定などに左右されることもなく、あらゆる生活のモードでバランスよく生きていくことができるだろう。

さて、普通の善行主義者とそんな私の違いは、前者が自分の善行を「徳」と考えるが、私はそれを「得」と考える点にある。では「貢献心は本能だ」と心得た人に「得」があって「徳」がないのかというと必ずしもそうではなく、善行は自然とそこにつながっているはずなのだ。

癇癪王

父・富士太郎は、日本が誇る都市内鉄道網のインフラストラクチャーの確立に貢献した人物で、ギリシア神話にでてくる神々の父ゼウスを思わせる破天荒な性格の持ち主であった。彼の命令は絶対であり、憤りはじめると理不尽だが、他方で人間くさいところもあった。昔こんなことがあった……。

昭和三一年の頃である。税務署から、地方税の修正申告が出ていないという知らせを受け、経理課をあげて申告を急いだときのことだ。結局、一〇数万円の延滞課徴金が加算され、それに富士太郎は激怒した。担当者を呼び「お前のミスだから、お前が払うんだ」と、頑として払おうとしないのである。経営に影響を及ぼすような金額ではない。また、修正申告の確認を怠ったことはたしかにまずいが、このような罰は担当者に対する腹いせのようなものだ。

しかも「もし、払わんのなら、お前の義弟に払わせてやる」と言って聞かない。担当者は、税務署の徴収課へ行って「修正申告が遅れたのは自分の責任で、社は課徴金を払ってくれません。とても私が一度に払える金額ではありませんので、一〇回に分割してください」と頼んで、仕方なく自分で払ったという。

一〇回払いの最後の分を彼が納めたのち、冨士太郎はその社員に向かって笑いながら「お前の誠意を試してみたんだ」と言って、ポンと払った。社で金を払うのは当然であるが、普通、このような最後の言葉はなかなか他人に吐けるものではない。

注文したお中元やお歳暮を、デパートは本当に配送しているのだろうか、と心配するあまり、古い社員総出で贈答品を荷造りさせたことなどはまだ序の口の方である。というのも、古い社員以外の他人を信用できないのである。

当時まだ、使われはじめて間もない電卓は、父にとってとても信用できる代物ではなかったため、五行ずつ数字を青鉛筆でチェックさせ、最後に自分が赤で確認する。原理がわからないコピー機など、絶対に信用しなかったため、すべてのコピーを赤鉛筆でオリジナルと照合していたのには、呆れるのを過ぎて笑える。

ギリシア神話でゼウスは、自分が造った人間に対して、勝手に火の使い方を教えてしまったプロメテウスに激怒したという。火は悪の根源、とゼウスは思っていたためだ。彼は青銅の鎖で、プロメテウスを縛りつけ、鷲が体をついばむようにと山につないだ。

日本の神話（古事記）でもそうであるが、残酷にも思えることをしでかす神は、しばしば人間くさい側面をあわせもつものだ。いつの日のことであったか、会社の廊下で怒鳴り散らす父に向かって、「そうまで理不尽を通すのなら」と、今生の別れを覚悟して私の方から本当に身構えたことがあった。そのとき父は握りしめていた書類の束をなぜかスッと手放し、私に背を向けた。

ステッキを支点に、後ろを振り向いたのち、わずかにこちら側に首をめぐらして、口もとだけに憤怒の様子を示しはしたものの、背広に染みついた樟脳（しょうのう）の香りを辺りに残して、父はその場を立ち去った。

第五章　新時代への補助線

移ろいゆく社会の変化を受け入れて
自らの役割を担って行動するなかにこそ
未来の全体像が見えてくる

企業の営利と貢献

ここでは企業あるいは企業社会を取り上げ、そこで行われるマネージメントを貢献心の観点から考えてみたい。

自分の街を守りたいという意識は、自分の会社を守りたいという意識にあてはまる。どちらの場合にしてもここで述べた「自分」は複数であり、むしろ「自分たちの街」や「自分たちの会社」とした方が正確かもしれない。いずれにしても自己という個人を全体にたとえ、「自分」という単数形で述べるところに隠されている「企業の本質」は、マネージメントについて考えなければならない時にも見逃すことができないポイントだ。おそらくこれが企業社会を考えるうえでの出発点ともなろう。

「自分の会社」という言葉を使う社員の意識には、自分を超えたところに生まれてくる思いがある。それは「自分の会社を守る」といった意味として著しく表れ、時には自分を差し置いて多数の他者のために何かを行う場として会社が意識されるものである。しかもその言葉の背後には、自分以外のたくさんの社員を自分自身の仲間に取り込むことが前提にもなっている。そのためには「自分の」といった言葉本来の意味を差し置いて、「他人ごと」

を「自分ごと」として、また「自分ごと」を「他人ごと」としてとらえるような双方向的な思考が働いているのだ。このようにして一人ひとりの社員がこぞって作り上げた「自分の会社」への帰属意識が「ＣＩ（コーポレート・アイデンティティー）」といった具体的な「かたち」として結実するのだ。

しかし企業は、街や地域そして国といった共同体と基本的に異なる存在である。それは企業が利潤を求めて活動する組織体であることに基づいている。企業は社員に給料などの報酬を支払う一方で、地域や国に対して税金を支払わなければならない。企業と社員の関係は基本的には「経済的な契約関係」で成り立ち、社員がそこで行わなければならない行為は言うまでもなく仕事である。つまりボランティアや貢献活動ではない。第二章で述べた「モード」という言葉を使えば、「人生モード」の異なる行為の場と考えられないこともない。

一方、企業は社員だけでは成立しない。むしろ企業にとって大切なのは顧客の方であり、そのニーズにあった製品やサービスを提供して対価を得ることで、企業は成り立っている。さらにその事業活動にかかわって、投資家や株主もいれば、提携先の企業や下請け会社もあって、企業社会全体が成り立っているのである。そしてすべての関係は経済的な契約に基づいている。

しかも何より基本的なことは企業は営利団体であって、それらの活動の場は自由競争の市場である。そのため、特定の企業に有利な環境をつくるようなダンピングや独占は法律によって禁止され、公正取引委員会がそれを監督する。いきおい競争は熾烈にならざるをえないであろう。企業社会においては他者に対する貢献モードなどは、一見選択されないようにも見える。なぜなら企業社会は基本的には仕事モードで活動に拍車をかけるものだからである。

ところでビジネス上のルールとして何が許されるかは、国や社会によって異なる。つまり第一章で述べたような「不変の真理」や「人間の本質」といった哲学では、なかなかとらえきれない部分がある。ビジネス上のルールは時代や地域によって、絶えず変化しており、たとえばわが国で、クレジット・カード会社が新規会員を紹介した者へ景品を提供することは合法であるが、ドイツでは違法とみなされるなど、このような例は枚挙にいとまがない。

しかし、ここにも時代が変わってなお変わらない市場の原則がある。それは時代や地域によって異なる法律や政府のガイドラインで定める規則では規定できない部分で、そこに

「企業の哲学」として論じられるものがあるかもしれない。もしもそのような哲学があるとするなら、おそらくそこにこそ「企業の本質」が隠されているのであろう。

たとえば米国の経済学者アルフレッド・マーシャルは、とくに信用の重要性について「信用は成功を生み、成功は信用を育んでいく。信用と成功は古い顧客を離さずつなぎ止めておき、さらに新しい顧客を増やしている」と述べている。それは「信用」という、どんな時代にあっても、またどんな場所にあっても「企業の哲学」として変わらぬ尺度を表している。しかもこの哲学には、社会にも企業にも同時にふさわしい価値を生み出そうという考え方がある。そこでは単なる奉仕活動のような社会的貢献でもなく、また利潤の追求だけが誇張されることもない「社会的」な企業の姿が浮き彫りにされているのである。このような企業哲学は、現実には経営者のビジョンによって反映され実施されるものであるが、後述するようにその企業ビジョンには、劇的な変化への要請の波が押し寄せているのである。

さて信用を生み出す背景は、時代や国、地域によって移り変わる生きた市場の原則を遵守しようとする、企業の精神いかんにかかっていると私は思う。

そこには時代が変わっても変わらない企業のあり方が映し出されていなければならない。

いわば「移り変わる市場の原則を、絶対に遵守する」といった緊張感のなかに企業経営があって、その前提から生み出されるものとして、「信用」が生ずるのである。企業社会の哲学とは、突き詰めれば法に従うことであり、またそれを絶対なものと考える思想に基づくものである。しかもそれを哲学と呼ぶかぎり、「本質」を内包したものでなければならず、一方、その哲学が企業のものであるかぎり、社会に奉仕するだけの「主体性」をもって、なお企業の活動を存続させる「現象」を伴えるものでなければならない。そしてこの視点に立ったところに、はじめて企業活動についての貢献心が見えてくるのである。

企業の社会的役割

企業は社会と、そこで営まれる経済を支える重要な役割を担う。社会が必要とするものを「開発」し、それを具体的な商品として「生産」して、適正な価格で市場に「供給」するなど、どの局面においても社会に果たす役割は大きい。

また企業の役割は、歴史的にみてもさまざまな社会の分野に拡がっていて、今後もさらに拡大していくことが予測される。たとえば市場経済の拡大とともに交通網が拡張し、雇用が促進され、有効需要が創出されて、さらに高度な需要に対応するために行われる研究開発は、さまざまな分野の科学的成果を取り込んで、精緻化、複雑化する技術を消費者の生活に応用するという、社会にとって重要な役割を果たしている。このような意味で、企業は社会の発展を促し、社会は企業の拡大再生産を促す相互媒介的な関係にあると言えるのかもしれない。

そのため企業が存続することは、企業自体のみならず社会にとっても不可欠な意味がある。経営学では、しばしば企業を「ゴーイング・コンサーン」と呼ぶが、これは「存続し発展する関係」という意味で、ここには前に述べた社会との相互媒介的な関係の意味が込められている。すなわち存続し発展する企業には、消費者との間に相互利益への期待感のようなものがあり、それは商品や財務といった有形のものであることもあれば、また信用や信頼といった無形のものであることも多い。米国の経済学者ジョン・R・コモンズは、成長する企業を支える「無形資産」の重要性に着目して次のように述べている。

「グッドウィル（信用）はゴーイング・コンサーンの生命」（河野昭三編著『ゴーイング・コンサーンの経営学』税務経理協会刊　一九九六年）、つまり企業の将来性は、社会に対する貢献と、それを享受する消費者との間に成立する信頼関係に直結しているという意味である。

しかし、提供する商品の満足度が高くても、それを提供する企業の態度に問題があると、顧客の心を傷つけることにもなりかねない。同様に企業の態度に問題はなくとも、商品の総合的な満足そのものが低ければ、やはり顧客の心を傷つける。実は企業の社会的な役割とは、雇用の創出といった直接的経済効果と並んで、これらの二点にあると思う。このように企業の利潤達成の仕事と、それを超えた何かがあって、はじめて信用が生まれる。ここに企業が貢献心を発揮すべきところがあるのだ。

成熟した現代社会で、企業には、市場競争という平面的で画一的な活動のみならず、もっと積極的な上昇ベクトルを秘めた貢献心への配慮が望まれる。これが現代の顧客ニーズに対応することにもなり、結局は企業のためになって、より良き社会の実現につながるものとなろう。一般に「付加価値」というと、企業の直接的な利益の源泉として考えられているが、ここであげた顧客の気持ちを傷つけないという経営では、商品の価値以上の付加価値を社会全体にもたらすものである。こういった企業という組織全体として発揮される貢献心とは、利潤とは一見無関係と見られるが、さらなる付加価値を生むものではないか。

企業の新しい所有者

さまざまなシステムが複雑に錯綜しながら機能している現代社会では、企業を取り巻く状況は時々刻々と変化し、その対策に会社も社員も奔走しているのが現状である。その結果、企業経営者にとっても、社員たちにとっても多様なストレスが生じており、この問題を置き去りにして現代社会を論じることはできないであろう。ここでもまた平面的で一方向的な雇用関係を超えた、新しい考え方で経営を行う必要性がある。つまり企業は社員の満足に配慮し、社員は企業の使命達成に心がけるといった双方向的な対応が求められ、また企業が社会的な存在として正しく働きながら適正な利潤追求事業を行わなければならない。とくにその軸となるのが貢献心なのである。ささやかながら会社の経営にあたる私の哲学において、企業は社員に対して貢献心を、社員は企業に対して貢献心を発揮することであると考えている。

バブル崩壊後の打ち続くリストラの嵐や倒産など、逆風は確かに厳しい。前述した「自分ごと」を「他人ごと」と考える思考方法、つまり貢献心による雇用関係の改善こそ企業と社員にとって、時代をブレイクスルーする新たな労使関係を築く基礎となるものである。本来、このような労使関係は、日本的経営の特徴的なものだったはずだ。その伝統が再び見直されなければならない時代に差しかかっているのかもしれないと考えているのは、私だけではないはずだ。

他方、企業が直面する大切な問題の一つに、経営権が被雇用者から集められる年金基金の運用に左右されるといった新しい状況がある。これは企業経営に基本的な影響を及ぼし、さらにM&Aやマージといった企業買収、リストラの追い風となって現れている。しかもこのような傾向は、社会構造の基本的な性格そのものに決定的な変化をもたらしかねない勢いで世界中に波及しており、わが国もその例外ではない。またこれは経営者だけの問題ではなく、企業で働く社員にとっても、ひいては社会全体に対しても影響はきわめて大きいのである。

たとえば今日、米国では被雇用者の年金基金は上場会社の株式の五分の二以上で、しかもそれは上位千社の株式の三分の二以上を保有しているとされている。かつては資本家が供給する資金により新たな事業を起こしたり、既存の事業を拡大するケースが多かったが、近年では限られた範囲でしか見られないものとなった感がある。むしろ現在では企業への投資が年金基金の運用をとおして、社員を含めた個人のものになりつつある。このような社会で、企業のオーナーは、社員を含めた「個人」になってゆく。言い換えれば従来の投資家は社会的な役割を終えつつあり、代わって社員の全員がオーナーとなり、また個人投資家が株主の主体となって新しい企業環境が生まれはじめたのである。

しかも企業環境はまた、時々刻々と変化する市場原則の一つと考えることができる。そうだとすれば基本的には社会に定着しつつあるこの原則に、積極的に沿っていくところに、新たな企業哲学が見えてくるのではないだろうか。

私は現代特有のこのような企業環境の変化を、「個人の能力を具体化する場」への推移と見ている。そこでは企業で働く個人が既成概念を捨て、企業がもつ総合力を自分のために利用するようになるだろう。またそのために職場の仲間たちの力を連携すれば、自分のオリジナルな発想を「自分の会社」の利益に変えていくこともできる。もしもオリジナルな発想がそこにあれば、自分の会社への帰属意識はこのような過程を辿りつつ、さらに強くなって、いままではオーナーしか持ちえなかった「企業のビジョン」を積極的に共有する社員の数は増えるのではないか。

一方、企業のこのような所有権の社会化という傾向は、マネージメントや生産様式、マーケティングへのイノベーションを促進し、過度期においては必然的にリストラやオープンショップ、そしてM&Aなど個人にとって逆風にもなりかねない要因をもたらすことになるだろう。したがって、もしも社員に「企業は個人の能力を具体化する場だ」といった意識がなくなると、愛社精神は空洞化し、もはや会社というものを貢献心を発揮する場所として考えるどころではなくなってしまうのではないだろうか。

この問題に着目したP・F・ドラッカーは、『ハーバード・ビジネス・レビュー』（一九八八年九～一〇月号）で、年金基金の新しい運用方法が企業買収の追い風となり企業経営に脅威を及ぼすことに触れ、この傾向は「会社に働く者に対するあからさまな攻撃である。たんなる脅威が経営陣、さらには会社の担い手たるミドルやスペシャリストの志気を喪失させるのは、そこに富を創造するという地道な仕事に対する軽蔑や、マネーゲームの優位性の誇示がうかがえるからである」と述べ、年金運用の利益重視は不可避と断りながらも、無軌道な年金基金の偏重に警鐘を鳴らしている。

このような企業環境にあって、経営者も社員も熾烈に見える環境変化に右往左往してはならない。けっしてそれを是認するのでも反対するのでもなく、あるがままの市場の環境としてそれを遵守し、なお企業を存続させることに情熱を注ぐのが企業に携わる全ての人たちの第一の責務であると私は考えている。むしろこの変化を必然的なものとして受け止め、その上でこれを包括するような不変な哲学を持たなくてはならないとする理由もそこにある。現実に、米国ではすでに個人がこの傾向を必然的なものとして受け止め、新たな

真理の実践

——『レオナルド・ダ・ヴィンチ素描集』（岩波書店）をモチーフにして

肉体はもろく、真理の実践は時に過酷だ。しかし、哲学による理論武装は甲冑（かっちゅう）の鋼（はがね）よりも硬く、その実践においても頼もしい。

企業哲学が生まれつつあるのだ。

さて、わが国の企業には、これまで終身雇用といった長い伝統があった。またこの伝統のもとで、わが国では世界に類をみず、雇用が人生やコミュニティといった個人の基本的なニーズと一致している特徴もあった。この伝統が近い将来すたれてしまうとする予測もあるが、しかし、日本にとってよいものであれば、他国の現状に追従することなく終身雇用制の伝統を再構築する必要性を私は強く感じている。リストラやM&Aを促す企業環境であるからこそ、愛社精神を自然に育めるような考え方を尊重する必要性があると考えてもいる。かつて株式会社のシステムが幕末期に西洋から日本にもたらされた頃、わが国で会社の開祖たちが資源のない日本の現状をよしとしたように、現代の企業も企業環境を正面から受け止め最も適した独自の経営方式を築いていくべきである。自分の会社が現実の企業環境から不利益を被るとマイナス思考するのは、おそらく「自分ごと」に染まる思考法で、本来とるべき考え方とは言いがたい。

一方、このような年金基金の投資が、株式市場で市場価格以上の値をつければ撤退してしまう利益優先の短期的な性格のものであるかぎり、経済的にはさまざまなイノベーションをごく短い期間のうちにもたらす効果があっても、企業を長い人生や安定したコミュニティの場として考えるわが国の習慣からは望ましくなく、また予測しずらい面がある。もしも今、わが国にも波及しつつある企業経営権の社会化に、企業がポジティブに取組むのであれば、私はそこに終身雇用制の伝統のもとで押し進める方向性を探りたい。おそらくこのような企業環境の変化のもとで、社員の一人ひとりが「自分の会社」といった意識の伝統を失うようであれば、企業の存続はわが国において危ぶまれることにもなろう。オープンショップが米国の国民にとって何ら不安のない制度であるのと同じように、日本の社会でユニオンショップは親しみをもって受け入れられるであろう。しかもこのように独自な伝統を遵守して、企業とそこで働く社員がリストラなどを含めた環境変化を乗りきれば、日本の企業のステイタスは再び上昇気流に乗ることができる、と考えることさえ可能なのではないか。

寄付と税金

古典美術であろうと、現代美術であろうと、米国の美術館が収蔵する美術品の質と量にかなうものはないように思われる。しかし、「米国にもともとあったものといえば、せいぜいアメリカ・インディアンの工芸品とオランダ製の銀や陶磁器くらいなものだった」(元メトロポリタン美術館館長）といわれるこの国の美術品収蔵数は、なぜこのように他国を圧倒するに至ったのであろうか。

米国初の国立美術館として、首都ワシントンDCに「ナショナル・ギャラリー・オブ・アート（国立美術館）」の建設をはじめたのは、A・W・メロンである。メロン財閥（米国）は一九三七年、この美術館に私財と蒐集した美術品のすべてを託したのであった。「これまで私が蒐集してきた美術品は、私個人のものではなく、すべて米国のものだと考えています。というのも私が美術品を買える富を持てたのも、この国のお陰であり、その結果としての美術品は国の宝として、米国民に捧げるのが当然だと考えているからです」と、メロンはフランクリン・ルーズベルト宛の手紙に記し、国立美術館の設立の趣意を伝えた。

以降、彼のこのような国家への寄贈行為は、他の米国の富豪たちにも大きな影響を及ぼしたという。その後、米国ではじめて建設がはじめられた国立美術館に、富豪たちは世界の名画や彫刻、工芸品の数々を寄贈したいという内容の書簡を続々と送ったという。これにはいくつか理由があった。

まず、私財を投げ出して建設した美術館でありながら、メロンはそれに「メロン美術館」などと自分の名前をつけず、国家の協力を求めて「ナショナル・ギャラリー・オブ・アート（国立美術館）」としたことである。そうしたことで、他の富豪たちも自分の愛国心を満足させられる形として、自宅に眠る美術品を寄贈できるようになった。これらのものを投機や投資の対象としてではなく、あらゆる人々が愛せるものとするために彼らは一役買ったのである。しかしそこには税制上、大きなメリットがあったこともまた、見逃せない事実だ。

当時、米国の所得税法は、個人や財団が行う寄付や寄贈といった富の再分配に対して、インセンティブ（優遇措置）とも呼べる制度を設けていた。寄付や寄贈が所得税控除の対象となっていたのである。しかも財団などが美術品を寄贈しようとする場合、所得税法はそれを奨励するシステムで、美術品の市場価格を控除額の基本としていた。

つまり、ある実業家が一万ドルで購入した美術品が、その税年度の市場価格で十万ドルになっていたとすれば、彼の控除の対象は一万ドルではなく十万ドルとなる。現在この所得税法は改正され、控除対象は市場価格ではなく、それを買ったときの購入価格が基本となっているものの、米国やその他の先進国では日本のように莫大な贈与税がかけられることはない。

さて、A・W・メロンがフランクリン・ルーズベルトに宛てた手紙の内容は、注目に値する。メロンは米国屈指の銀行家から、後に米財務長官になった実業家であるが、その後、築いた富を社会に還元しようとしたわけである。本来、ビジネスは社会なくして成り立つものではなく、そこからもたらされた富を国民に還元したいとする志は自然で、寄付や寄贈はそこから湧き出すものである。省みて、それらの行為に贈与税をかけるわが国固有の税制は、けっして自然とは言いがたく、再考しなければならない点が少なくない。

NPOと企業の社会貢献

企業を社会全体の一つの主体と見たとき、そこに貢献心を位置づける新しい潮流さえ予測されるものとなる。近年、伝統的な企業の活動を超えたところで社会的な貢献が成される事例は、現実に少なくない。

P・F・ドラッカーは、二一世紀の成長分野は非営利組織（NPO）であると指摘している。この傾向は前節で解説した企業に対する所有権の社会化といった問題とも無関係ではない。リストラやM&Aが吹きすさぶ企業環境では、愛社精神といった意識が薄れ、それに伴い、これまで企業で美風とされてきた運命共同体に対して払われる貢献心は、発露の場を失うことになりかねない。そのため、あたかも捌け口を探すように個人の貢献心は自然に企業の外へ向けられ、もっとも本能を満足できるようなボランティアを志向するようになるのが現状である。

なかでも非政府組織（NGO）の成長は著しい。営利組織である企業の社会的な貢献といった視点で、まずこれらの活動の現状について考えてみると、現実にあるさまざまな問題点が浮かび上がってくる。

NPOやNGOは、もともと医療や福祉、環境、災害救助、人権、教育といった分野から、文化、芸術、スポーツ、街づくり、国際協力、平和、女性問題などさまざまな領域に拡がっている。それらの活動母体の特色は、各分野の民間組織で、法人格の有無や種類を問わない全ての非営利組織である。

NPOもNGOも実際に行っている活動の原点は同じで、そのため内容的にもほとんど変わりはない。ただし、NPOは米国の法人制度や税制を背景にして生まれた言葉で、「非営利」が強調されている。一方、NGOは国連から生まれた言葉で、個々の政府に縛られず、国境を超えた活動に目的を設定した「非政府」を強調する特徴がある。

他方、日本ではNPOは国内的な地域活動を基盤にし、NGOは海外協力といったような曖昧な区別がある。しかし現実には、たとえば環境NGOのように、政府や地方自治体の支援を受けた地域環境への取り組みもあるし、またNPOは国際的な医療活動にも取り組んでいる。両者とも活動の基盤が本来の社会的福祉活動に置かれているかぎり、具体的な取り組みに変わるところがないのは当然だろう。しかし名称が異なるところに表れているような背景の違いが、無駄な論争を招きかねず、また米国派と国連派という勢力争いを生む危険性を秘めている。

そもそもNPOもNGOも、活動の背景にある法人制度や税制、そしてその活動を始動させた組織といった問題は、活動本来の内容とは直接結びついたものではない。しかし活動の実施においては、形態や財政面を支える法人制度についての取り決め、税制との結びつきは無視できない問題となる。

一方、最大の問題は両者の名称に共通する「非営利」と「非政府」といったところにあるのではないかと思う。なぜなら両者とも「営利ではない」「政府ではない」と言っているだけで、「では何なのか」を明らかにはしていない。したがって、この名称のもとに、営利活動でも政府活動でもないような反社会的活動などが入り込む可能性もないわけではない。強調すべきことは、非営利であることや、非政府であることではなく、活動を行う組織の目的が「貢献心に根ざした行動を目指す」ということであると私は考えている。つまり、本来考えるべきは「はじめに貢献ありき」であって、それは特定の組織の利益を生むような「営利」でもなく、また特定の国の利害に結びつくような「政府」でもない、となっているべきではないのか。

この原則が保たれる範囲において、P・F・ドラッカーの考えはにわかに現実味を帯びてくる。二〇世紀には、企業や産業という「営利組織」と地方自治体や国家、国連というような「公的組織」のはざまにあった「貢献組織」が、おそらく今世紀中には社会福祉活動の全体のなかで大きな影響を及ぼす「第三の組織」として働くようになるだろうということである。

営利組織である企業は、もはやこれまでのように政府組織との関係からでなく、これら「第三の組織」と新しい関係性を築いていかなければならない。そこではまた、貢献を否定するような営利活動ではなく、貢献が営利を生む新しいパターンの企業活動がクローズアップされることにもなる。現在ある「企業の社会的貢献」や「企業の社会的責任」といった取り組みは、その予兆と考えられよう。

たとえば一九九〇年当初、経団連が提唱した「一%クラブ」の活動の背景にも、この兆しが見られる。企業の場合は経常利益の一%を、個人の場合は可処分所得の一%を、社会福祉活動のために拠出しようというのがこの活動の取り組みで、参加企業の「社会貢献クラブ」がＮＰＯの活動と連携して、阪神・淡路大震災の救援活動では大きな役割を果たしたのはまだ記憶に新しい。

さらに社員がボランティア活動を行う団体に対して、企業が寄付する「マッチング・ギフト制度」といった新たな取り組みもある。また他の方法で従業員のボランティア活動を奨励する企業も増えつつあり、たとえば「ボランティア休暇」や「ボランティア休職」といった社内制度を設ける企業もでてきた。

それだけではない。最近では、企業の社会活動にＮＰＯが参画したり、企業の支援先をＮＰＯが選定したりする相互乗り入れや、企業の本業にＮＰＯが参画して、双方に利益のある新しい商品の開発に取り組む動きなどが見られるようになってきている。

このような企業活動が二一世紀の特徴となる可能性は高いと思われる。なぜならここには企業本来の活動目的が確実に息づき、また社会的な貢献活動もそこに調和しているからだ。もしも企業が貢献活動を営利事業と別の次元で行うと、それは理念だけに走り、教条的にもなりかねない。また業績が悪化してしまえば、活動自体が縮小してしまうことに歯止めがかけられないことも予測される。

見方を変えれば、企業にとって利益追求という仕事モードと、社会活動という貢献モードを複合したところに、新しい活動のパターンが想定されてくるというわけである。少なくとも単一モードより、企業活動に人間的な息吹が吹き込まれてくるこのような視点に立てば、二一世紀の新たな企業の展望が具体的な輪郭を形づくりながら見えてくるのではないだろうか。

自然環境への取り組み

地球規模で自然環境が危機に瀕している現代にあって、地球環境問題は国境を超えた広範な地域で考えられねばならない問題である。その原因は個人や企業、街や地域などの環境負荷の総和から成り立っている。つまりすべての自然環境問題には人間が関与しているのであって、その背景には環境の保全と育成を怠った人間優先の姿勢がうかがわれる。この反省のもとに、近年とくに地球の生態系に目を向けた取り組みが急速な勢いで高まりをみせている。

人間中心主義による環境破壊を反省し、「他者」としての自然を修復し育てるための活動が、現在のエコ活動の本論となっている。そしてここでもまた人類総体として、グローバルな見地から巨大な貢献心が発動され、地球規模での自然環境を「他者」とする種々な取り組みが進められている。ところが現実に進行しているエコ活動のなかには、本来の貢献活動から考えると意味を異にする内容があるような気がしてならない。貢献心の視点からこれらの問題点を考えてみよう。

たとえば有限な資源である化石資源（石油や石炭）を守ることは、持続的な経済にとって大切なことである。他方、代替エネルギーとして開発が進められている原子力発電には、環境上の深刻な問題が取り沙汰されている。またオゾン層を破壊する原因として、フロンガスの影響がクローズアップされ、さらに新たに開発された物質については、もっと強い温室効果が囁かれている。

それだけではない。農薬や化学肥料を大量使用した大規模農業により変質した広大な地域の砂漠化は、食糧問題とも絡み合い難しい問題を私たちに投げかけている。そのようななかで、人口爆発が指摘されるアフリカや東南アジア地域の食糧確保の問題は深刻だ。最大の食糧輸出国である米国では世界の食糧事情を改善させるという名目で、無制限な大規模農法を行った結果、地下水脈を枯渇させて、土壌の悪化に拍車をかけてしまった。たとえば米国中部にある広大なプレイリー地域の生態系に起きた異変は、大規模農法による弊害とされ、枯渇してしまった水脈を修復するには何万年という自然放置期間が必要とされるといわれている。

これらの例に見るように、人間が自然を利用して何らかの問題に取り組もうとして開発した方法が、次々と新たな自然破壊をもたらすといった悪循環が指摘されているのである。そこには人間中心の開発主義があった。つまり人間が必要とする活動によって自然環境がダメージを受け、その結果、不都合なことが起きたから、今度はエコ活動を進めて、人間にとって都合のよいものに開発していこうとする考え方である。

さて、ここで見えてくるエコ活動には、私が言う貢献心はまったく示されていない。なぜなら人間が「自然」のためにとの名目で、実は「自分」のために行う行為に、他者である自然に向けての「貢献」の意識は欠落しているからだ。その実態はむしろ「エコ」ではなく「エゴ」である。

たとえ手前勝手でも、自然環境について考えたり、またみずみずしい自然を回復したいと願う自然な動機は間違ってはいない。ただしそんな純粋な動機でさえ、あまりにも特定の自然に集中していると、ふと気がつくと自分勝手なものに陥って、自然を破壊してしまう方向に向かってしまう。このような動きに私たちは監視の目を怠ってはならない。そのため現在のエコ活動にある発想をもう一度検証してみる必要性はないだろうか。

現在、G7や環境サミットなど、世界のトップが集まって提起されるグローバルな宣言についても、やはり「これからは人間中心の発想で問題を解決する」といった方向性が示されているが、私にはそう簡単には受け止めがたい。なぜなら、そこには依然として「人間中心」といった発想に含まれる「開発至上主義」的なニュアンスに歯止めがかけられてはいないように思われるからだ。実はこの「人間中心主義」こそ、人類を「開発至上主義」に向かわせたそのものの原因となったからである。

今こそ人間が「自分のため」といった発想法を抑えて、自然や地球環境という「他者」のために貢献する本能に目覚めたならば、これからのエコ活動はもっとグローバルな本質に向かうのではないだろうか。

一方、化石資源枯渇やオゾン層破壊、また大規模農法による環境破壊などの問題の背景には、開発至上主義といった要因とは質を異にした他の原因もある。それは深刻な人口問題だ。人口問題は地球環境に直結した問題で、私たちが生命を維持していくうえで、かけがえのない存在である食糧や自然、エネルギー、さらには社会で行われる生産や消費といったさまざまな事柄に影響を及ぼしている。

このような人口問題も含め、それが一つの原因となってもたらされる環境破壊の問題は国境を超えた広範な地域で考えられなければならない問題である。しかしエコ活動の動向には人間の日常生活が必然的に関与している。ここでもまた、ある地域の環境を保全するための活動が、一方でその地に住む人々の日常生活に深刻な影響を及ぼしかねない問題を孕（はら）んでいる。たとえばその土地の環境を資源にして活動している企業などに対する反対運動は、地域の雇用を縮小させるマイナスの経済効果をもたらすことになるだろう。しかし、この問題には人類の未来の運命が直結している。この難問を解決することが現代人の自分の「権利」であるという貢献心からの発想法が、地球規模で浸透することを願わざるをえないのである。

生命の尊厳と貢献心

人口増加や無軌道な開発による資源枯渇は、生産手段や国民所得の地域格差が増大するなかで進行した。それは資本主義経済システムが生んだ影の問題であって、その改善対策がない現状において、今の資本主義経済システムがもはやダメになったといった悲観論さえ囁かれている。

その一方で、多くの人たちがさまざまな資本主義のシステムのなかにいて、「貢献心は本能である」といった心の叫び声に耳を傾けながらも、それをなかなか発揮できないフラストレーションを抱いているように私には感じられてならない。その裏返しとしてNGOやNPOといった組織の活動が現在、拡大していることについては既に述べたとおりである。貢献心が本能であるかぎり、そのようなフラストレーションは回避しなければならない。

古代社会から現代に至るまで、人間同士が造りあって成立させた社会は、少なく見積もっても五千年ほどの歴史にもなろう。その間、人間はさまざまな理由で犯罪や戦争を繰り返し、時には大量の虐殺に至るまでの不幸を見たが、全体として生産様式は発展し、人の生命の尊厳は他にかけがえのないものと考えられるようになった。私はこのような歴史の流れのなかにあって貢献心が本能として人類の心の奥底から作用してきたことを強く実感している。

もしこの本能がなかったとしたら、人類が自らの手で生命の連鎖を絶つ機会はこれまでにもたくさんあったはずだからだ。私たちの生命は貢献心によって守られていると見ることができるのかもしれない。

ところで、企業や地域のボランティア活動のように特定の集団で行われる行為は、その集団に属さない人にとってはエゴと映ることがあるかもしれない。たとえば第三章で述べた米国のニンビィの行動では、地域エゴが色濃く反映している。しかし人間の本能のうちに貢献心があるかぎり、おそらくこれらの矛盾はいずれ解決に向かって、全体として人間の尊厳が守られる方向へ収束していくだろう。なぜなら他者のトラブルを改善してあげたいとする欲求が、人間の本能的領域にあって、問題解決に向けて他者に対してとれる行動は、その主体にとって「せねばならない」といった義務や意識ではなく、むしろ「…したい」という意識、つまり「…する権利がある」という意識によって行われるからである。

このように貢献心から生まれる「権利」の感覚に人類全体が目覚めたなら、貢献心は総体として人間の尊厳を守り抜く原動力となって働くに違いない。しかもそこで個人の貢献心は、他者の基本的な生活の質を高めてあげたいといった「自分ごと」として、人類全体の幸福へ貢献するのである。

こうして地球に住む約六〇億人が生活の質を高めあいながら、生命の連鎖を後世に引き継いで行くところに貢献心の大きな発露がある。そして、このような発露の場を通じて、すべての人々は貢献心が本能であることを自らのうちに実感できるのであろう。

自国と他国

本能は、しばしば政治や人間社会のきまりによって抑圧されることがある。そのため国と国との間で貢献心を考えようとすると、それが本能からのものという実感に欠けることが少なくない。しかし貢献心が人間の本能であるのなら、これに反するような国家の政策は、いずれは不自然なものとして崩壊してしまうことにならざるをえないだろう。ここでは貢献心の発露を、国の単位で考えてみることにしよう。

人間関係を地域的にみると、最初に村や町があり、これらが郡や市となり、都道府県から国になって国際社会に至るのである。国や国民は、かなり広い地域と多数の人々によって成立している。

一方、新しい変化が社会にもたらされた場合、その変化に対応して自ら意志決定する者と、その意志に従う者の二通りの人たちが現れる。前者は「オピニオンリーダー」と呼ばれ、後者は前者の意見を待って自分の意見を表明するようになる。ある意味で、社会が変化を受け入れるかどうかは、オピニオンリーダーがそれを受け入れるかどうかにかかっているといえる。

馬に跨がるオピニオンリーダー
——アルカイク期の水瓶に描かれたヘファイストスをモチーフにして

イノベーションを先取りして人々に伝えるオピニオンリーダーの存在を、社会は無視できない。人々が歩こうとするとき、彼らは馬の背で常に一歩先へと進んでいる。

たとえばマーケティングの分野でも、需要予測の数量的なモデルとしてオピニオンリーダーをモニターすることがある。その場合、商品の特性や他の商品との相違など、正しい情報を彼らに公平に伝えておくことが必要である。他方、これはマーケティング以外の分野についても同様で、どんな生活の局面についても、オピニオンリーダー的存在が社会的なイノベーションの正当性を正しく判断するために、不可欠なものとされるのが「情報の開示」である。また社会全体として見てみれば、オピニオンリーダーによって確立された「知」が、追随する人々に波及していくときにもまた、情報の開示は不可欠と考えられる。

このように社会を構成する個人個人がバラバラではなく互いに結びついて、相互に関係しあいながら全体としてまとまった「知」や「意見」を形成することが、前に見た「地域エゴ」を解決する糸口となるのではないか、と私は考えている。なぜなら地域的な利害の対立は、情報の開示によって公正で公平な意見が形成されれば、後に追随する人々に波及し、全体のものとして解消される可能性を秘めているからだ。

この問題は貢献心を地域レベルで考えるときに、どのようにして地域間の利害対立を解消できるかといった問題とも無縁ではない。またそこでも大切な役割を果たすのがオピニオンリーダーの存在であり、情報の開示である。

それぞれの地域には地方行政府が、そして国には政府があって、これらの機関はそれぞれが決定権や執行権をもった独立した行為の主体である。一方、国民主権のもとで国民は、政府が主権者の利益に背かない行政をしているかどうかを監視して、たとえば情報の開示について問題があれば正さなければならない。また、このような国と国民の関係に則して、国民は政府が貢献心を特定の地域に偏らず発揮しているかどうか監視することも必要となろう。

欧米には、国民や市民に代わって政府を監視する「オンブズマン」という制度がある。わが国にはまだこのような公的制度はないが、市民が自主的に地方自治体を監視するボランティアの活動としては存在する。これは「市民オンブズマン」と呼ばれ、そこでは財政支出の情報公開などを求めたり、官官接待やカラ出張などがないかを監視している。一九九八年にはこの団体の全国大会が開かれて七二の団体が参加した。

政府という組織的主体は、個々の人間のような生身の主体ではない。だが、政府が民意をはっきりと反映している機能を果たしているならば、当然社会を構成する個人個人が本能で抱く貢献心の総意を反映したものになっていなければならないであろう。

しかしその場合であっても、集合体として発揮される貢献心は個人が抱くそれぞれの本能との間に差異を生ずる。なぜならそれが複数の個人の貢献心が合成されたもので、いわば「最大公約数」といったものだからだ。しかしそれが公約数というのにふさわしい国民の総意として考えられるものならば、それを一つの統合された共通のものとして考えるべきであろう。

さらに国としての貢献心を考えるに際しては、それを一つの全体的ユニットとして、その外側にある他国のユニット（他国の国民の総意としての貢献心）との関係性をも考えなければならない。

そこでもし一国が自国の利益だけにとらわれて、グローバルな国際社会での役割といった立場を忘れると、その国の貢献心がエゴとなってしまうことがあるかもしれない。もしもグローバル社会で役割を果たそうとするのなら、国民一人ひとりの本能として「他者に尽くしたい」といった欲求が、国家エゴに変わってしまうことは絶対にあってはならないのである。

二〇世紀の前半は、国家エゴがぶつかり合う時代だった。そしてそれ以前では想像もできない大規模な世界戦争が二度にわたって起きた。平和な国際社会を掲げながらの国家エゴの台頭がこの時代の特徴だった。日本もまた例外ではなく、その渦中にあって国家エゴをさらけ出した。だがここで過去の悲惨な歴史を辿ることは私の真意ではない。目を未来に向けよう。

そしてこのような国家エゴを避けるために前提となる考え方は、「貢献心は本能である」ということであると私は思う。国家が自国のエゴに埋没すると、国民一人ひとりの貢献心は国内では他者に自然に発露されていても、他国に対してはわが国のエゴを突きつけることになる。本来他国への貢献心こそ、世界の中でわが国が存続していく基本要件であることを認識し、他国のことを「自分ごと」として、貢献心を発露させて行かなければならない。つまり「他国に対するわが国の貢献心はわが国の本能である」との考えで二一世紀に臨むことが基本的に要請され、またこのような認識が国民一人ひとりにあれば、国際的にも「他人ごと」を「自分ごと」として、また「自分ごと」を「他人ごと」として思いやれるようになるはずである。

近年、社会は暗く荒んだ出来事でいっぱいだ。政治の混迷や経済の破綻にしても、また教育の荒廃や原発事故、世相の頽廃、さらには大地震や火山の噴火など枚挙にいとまがない。これらはみなわが国にかぎったことでなく、世界ではもっと衝撃的なニュースがひきもきらない。

しかしそうした暗く荒んだ世のなかではあるが、人々の貢献活動が方々で点火しはじめていることに、私は注目したい。大切なのはこの着火点を増やし、炎を拡げていくことである。神戸の大地震のような大きな災害があれば、遠くの国々からも救助隊が来てくれる。地球の裏側で事件が起きれば進んで援助の手を差し伸べる人たちがいる。暗く荒んだ事件に打ちひしがれているだけではなく、そうした明るい灯火の力があることも見逃してはならない。

貢献心の灯火は、一つひとつは小さく仄かなものであるかもしれないが、数多くの人々が互いに照らし合いながら、いま急速に光度を増やしつつある。この灯火が日本からも続々と点火され、世界の隅々にまで大きく拡がることを願いつつ、自分もそのひと隅の火として燃えつづけていきたいと考えている。

藍色の中国服

その日、天津（テンシン）は大陸の寒気団に襲われ、夕方から小雪が舞いはじめた。妻と私はしだいに静けさを増す夕暮れの高層ビル街を通り抜け、派手な中華模様のネオンが氾濫する雑踏の市場（いちば）へと足を踏み込んだ。魚市場では見るからに上品そうな婦人が、店先の鱈（たら）の切り身をためつすがめつしながら、少量だけ買っていた。

しばらくすると、雪は霙（みぞれ）混じりの冷たい雨へと変わった。どこか適当な料理店に逃げ込もうと、辺りを見回していたときである。大通りから脇道を覗くと、小柄な中国服の老人が荒れ模様の天を仰ぎ、合掌している姿が目に入ったのである。妻はまだそれに気づいておらず、レストランを探している。私たちは雨をしのぐため、通りがかりの惣菜店の軒下に駆け込んだ。場違いな合掌の老人を、私としてはもうしばらく見ていたかったからである。

惣菜店の店員が、笑いを装いながら近づいてきた。しかし私の興味は、冷たい雨に向かい合掌している老人だけにあった。店員に差し出されるまま、何とも知れぬ中国の惣菜を買い集め、包みを受け取ると、私は妻に老人の方向を指さした。

「カンフーの古いしきたりなのかしら？」と、彼女も首を傾げた。たしかに老人の仕種はそのようにも受け取れた。あるいは気がふれているのかとも思われる。

お年寄りは、組んでいた両手を華奢（きゃしゃ）な胸もとに引き寄せ、ときどき何かを口ずさんでいた。離れていたために、声までは聞き取れなかったが、誦読（しょうどく）のように思えた。彼が着ている藍色の中国服が雨水に変色しはじめた。しかし、お年寄りは雨など意に介することもなく、他者のいかなる視線に気を止める様子すらない。

「そう、古武道のしきたりかもしれないね」と、私は妻の言葉を繰り返した。

彼の背後に漂う緊張感も、おそらくは伝統的な武芸の形から滲み出すもののように、最初は思えた。お年寄りの枯れ木のように痩せ細った姿は、殷賑（いんしん）な市場通りにあって、一つだけざわめきを厭（いと）う存在のように私の目に映った。

背後を見回すと、複数の客や店員が、蔑むような薄笑いを浮かべて彼を見ていた。店内では花唐草（はなからくさ）の蒔絵模様（まきえもよう）が施されている古い香簞笥（きょうだんす）のうえに置かれたCDプレイヤーから、中華太鼓や笙（しょう）の音が辺りに響いていた。

いっそう激しさを増す冷たい雨が、老人の服に当たって細かい水滴を飛び散らせながら、薄い霧の層をつくるように彼の輪郭をぼやけさせていた。老人が着ている濃い藍色の中国服が、ぼやけた輪郭の外側に色を滲ませていた。

雨が藍色の中国服にあたり、霧のように霞んでいる小さな体の縁取りに滲み出した色彩を見つめながら、私は「祈りだ」と、小さく声を発してしまった。それはあたかも一途な祈りが、老いた肉体から雑踏の空気のなかへ、少しだけはみ出したかのように見えたのである。しかも私はその藍色が、老人の体に跳ね返る細かい水しぶきに、蛍光色を発するかのように滲み出した、その瞬間を見たのであった。

あとがきにかえて――自分を見つめて

私の父親はほとんど家庭を省みず、自分の人生を休みなく走り続ける激しさで一生を駆け抜けた明治の遺物のような人で、自分の尺度を曲げることを極端に嫌った人であった。そのためなのかもしれないが、私は子どもの頃からたいへんに負けん気が強かった。たとえば私は囲碁が好きだが、ここでも生まれもっての負けん気が抑えきれずに、おぼえたての時はともかく、相当強く（三段）なってもよく「待った」をしてしまった。負けるのが嫌いなのである。そんな自分に腹がたったりして、「なぜそんなに勝とうとするのか、とんでもない人間だ」と自分ながらに不愉快な思いに立たされてしまうことがあったが、そんなときでもやはり負けたくはなかった。

一方、自分で言うのもおかしいが、私はけっこう器用でもある。学習だけに限ったことではなく、たとえば彫刻展に作品を出展して金賞を取ったり、スポーツをしても人並み以上に上達は早い。

また、「器用さ」と「負けん気」の相乗効果で、なにをやってもそれなりにできる自分が器用貧乏になってしまうことを危惧し、「自分に勝つのも大変だな」とも思っていた。

他方、小学生の時から他の家に見る家族団欒の雰囲気が「仄かな幸福感に満たされているものだな」、「これもまた結構いいな」といった気持ちを抱いていた。ささやかな幸福感に対する感受性は親子の団欒が当たり前の環境で育った人よりも、敏感だったかもしれない。幸福とは、おそらく平凡な日常生活の中にある「ささやかさ」、ではないかと私は当時から思っている。

幼少の頃からのこうした私の想いが、後年の哲学的な考察を生む背景となったと思われる。父から引き継いだ負けん気や器用さだけでは、おそらく今の自分はなかったのではないだろうか。逆に、もしも何をやっても負けてしまうような自分であったら、今の私自身に「貢献心」など語れるような資質はなかったのではないかとも思う。むしろこのような振れの大きい性格であったからこそ、中学時代に「人間の限られた生命」や「貢献心」への関心が芽ばえたと思う。これこそが私のライフワークと考えている「人間研究」のテーマなのだ。

参考文献

①薗田担著『〈無限〉の思惟』（創文社　1987年）
②アルフォンス・デーケン、飯塚真之編『生と死を考えるセミナー第4集――日本のホスピスと終末期医療』（春秋社　1991年）
③ヨースタイン・ゴルデル著／須田朗監修／池田香代子訳『ソフィーの世界』（日本放送出版協会　1995年）
④平山郁夫著『道遙か』（日本経済新聞社　1991年）
⑤レフ・シュストフ著／植野修司訳『死の哲学　儚きものの哲学』（雄渾社　1971年）
⑥島崎敏樹著『感情の世界』（岩波書店　1969年）
⑦山室静著『ギリシャ神話』（社会思想社　1989年）
⑧マリア・アタナソヴァ・ダスカロヴァ、フリスト・ダノフ共著／土井正興、松永緑彌編訳『小説スパルタクス』（三省堂　1979年）
⑨P. F. ドラッカー著／上田惇生訳『P. F. ドラッカー経営論集――すでに始まった21世紀』（ダイヤモンド社　1998年）
⑩河野昭三編著『ゴーイング・コンサーンの経営学』（税務経理協会　1996年）
⑪『体系世界の美術　第5巻――ギリシア美術』（学習研究社　1996年）
⑫中村元監修、奈良康明著『日本人の仏教1――仏教の教え』（東京書籍　1983年）
⑬瀧冨士太郎追想録刊行世話人会編『人間　瀧冨士太郎』（日本交通文化協会　1991年）
⑭木下玲子著『欧米クラブ社会』（新潮社　1996年）
⑮亀井勝一郎著『愛の無常について』（講談社　1971年）

著　者

滝《たき》　久《ひさ》雄《お》

1940年東京に生まれる。1946年疎開先香川県で県立丹生小学校入学。1950年帰京し、区立田園調布小学校編入。1955年区立田園調布中学校卒業、1958年都立小山台高校卒業、1963年東京工業大学理工学部機械工学科卒業。同年三菱金属（株）入社。70年（財）日本交通文化協会理事就任。1985年（株）ＮＫＢ取締役社長就任。1993年（財）日本交通文化協会理事長就任。2000年（株）ぐるなび取締役会長兼社長就任、現在に至る。1999年交通文化賞受賞。雑誌『PUBLIC SPACE』編集長。著書『私はこう考える』（滝語録刊行会）ほか論稿多数。

貢献する気持ち

2001年5月30日　第1刷発行 ©
2025年2月20日　第5刷発行

発行所　株式会社　紀伊國屋書店
東京都新宿区新宿3-17-7

出版部（編集）電話03(6910)0508
ホールセール部（営業）電話03(6910)0519
東京都目黒区下目黒3-7-10
郵便番号　153-8504

印刷・製本　シナノ パブリッシング プレス
ISBN978-4-314-10147-9　C0010
Printed in Japan
定価は外装に表示してあります